KB119772

상실의 시대

상실의 시대

그랜드 마스터 클래스 | 빅 퀘스천

지금 우리에게 필요한 것에 대한 최고의 질문들

창의성 연구의 대가
로버트 루트번스타인

도시담론을 선도하는
도시사회학자
김정후

마음의 여행자
정여울

흑백을 초월한
소통 중재자
정관용

해학적인
기생충학자
서민

지성의
프로파일러
표창원

한국의 니체
이진우

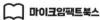
마이크임팩트북스

우리가 잃어버린 것을 되찾는 길, 그것은 바로 질문을 멈추지 않는 것입니다

2016년 1월, 마이크임팩트는 세 번째 '그랜드 마스터 클래스 | 빅 퀘스천'을 경희대학교 평화의 전당에서 열었습니다. 지난 두 번의 컨퍼런스를 통해 청중들로부터 받은 피드백을 바탕으로 좀 더 많은 사람들과 현실적이고 깊은 사유의 장을 마련하고자 아시아 최대 규모의 공연장을 컨퍼런스 장소로 선택했습니다. 그리고 우리의 예상대로 여러 세대를 아우르는 만여 명의 청중들이 지식에 대한 열의와 뜨거운 관심으로 강단에 오른 선생님들을 맞아주었습니다.

'상실의 시대'는 삼 일간 열린 이번 '그랜드 마스터 클래스'의 주제입니다. 우리는 그 어느 때보다 풍요로운 시대를 살고 있지만 마음에는 상실감이 가득합니다. 우리는 자신이 어떤 상태인지, 진정 원하는 삶을 살기 위해 무엇을 해야 하는지, 스스로에게 질문을 던져볼 틈도 없이 빠르게 변화하는 세상 속에서 격류에 휩쓸리듯 살아가고 있습니다. 정여울 선생님이 지적했듯 인간의 마음은 세상의 변화 속도를 따라가지 못합니다. 상실감은 여기서 연유한 것입니다. 그런데 이 상실감의 실체는 대체 무엇일까요?

우리는 스스로 깨닫지 못하는 사이 지켜야 할 소중한 것들을 잃어가고 있습니다. 천민자본주의와 극단적 이기주의, 도덕적 해이가 지배하는 세상에서 개인의 자존감이 낮아지고 사회적 정의가 무너졌으며 서로에 대한 신뢰가 깨졌습니다. 이번 컨퍼런스의 목적은 이처럼 우리가 잃어버린 것들을 헤아리고 어떻게 하면 그것들을 되찾을 수 있는지, 혹은 이 상실의 상황을 슬기롭게 극복할 수 있는지 질문을 던져보는 것이었습니다.

잃어버린 소중한 것들을 되찾기 위해 질문을 던질 줄 아는 사람들, 답을 찾기 위해 치열하게 토론하는 사람들, 그 답을 용기 있게 실천해가는 사람들이 모이면 우리가 사는 세상은 긍정적으로 변화할 수 있습니다. 그리고 이 믿음이 틀리지 않았다는 것을 우리는 청중들의 후기를 통해 확신할 수 있었습니다. 우리가 앞으로도 이 시대에 필요한 질문과 사유의 장을 지속적으로 펼쳐나갈 용기를 얻은 것은 두말할 필요가 없습니다.

《상실의 시대》는 지난 삼 일간 우리가 주고받은 최고의 지식과 통찰, 질문의 향연을 고스란히 담아낸 책입니다. 청중들의 심장과 뇌를 강하게 자극하던 선생님들의 한 마디 한 마디가 문자의 형태로 다시 한번 독자들과 만납니다. 여러 분야를 넘나드는 국내외 지성들의 열정적인 강의가 독자들의 지각을 새롭게 하고 사유를 확장시킬 계기가 될 거라 믿습니다.

마지막으로 어려운 자리를 마다하지 않고 국내외에서 참석해주신 선생님들, 마지막까지 자리를 지켜주신 청중분들, 그리고 삼 일간 보이지 않는 자리에서 강연을 서포트해준 마이크임팩트 가족들에게 깊은 사랑과 감사를 보냅니다.

상실의 시대, 희망을 꿈꾸며

마이크임팩트 대표 한동헌

창의성의
상실과 회복

로
버
트
루
트
번
스
타
인

안녕하세요. 로버트 루트번스타인입니다. '그랜드 마스터 클래
스 | 빅 퀘스천'에 참여하게 되어 매우 기쁩니다. 오늘 저는 '창의
력의 상실'이라는 주제로 강연을 할 예정인데, 이는 이번 컨퍼런스
의 전체 주제인 '상실의 시대'와도 맞을 것 같군요. 하지만 더 중요
하게는 우리가 어떻게 하면 창의력을 회복할 것인지에 대해 이야
기해보고 싶습니다.

한국은 생산경제에서 지식경제로
전환할 준비가 되어 있는가

우리는 어려운 시대에 살고 있습니다. 미국과 한국의 경제성장률과 GDP를 보면 10년과 15년 전에 이미 정점을 찍었죠. 그래서 2013년, 한국의 박근혜 대통령은 경제정책을 바꾸겠다고 선언했습니다. 제조업 위주의 경제에서 지식경제로 전환하겠다고 말이죠. 그러면 지식경제, 창조경제는 어떤 경제를 말하는 것일까요? 그것은 유용한 정보의 양과 질, 접근성, 공유와 변화가 혁신과 성장을 이끄는 경제를 말합니다. 이전의 제조 또는 생산수단에 의존한 경제와 성격이 다른 겁니다. 또 다른 정의에 따르면 최첨단 기술의 통합을 기반으로 하는 경제를 말합니다. 이런 경제체제에서는 창의적인 개인과 소집단, 기업들이 서로 맞물리는 네트워크로 조직되었다가, 끊임없는 혁신 과정에서 연결과 단절을 반복하겠지요.

그렇다면 과연 한국은 생산경제에서 지식경제로 전환할 준비가 돼 있을까요? 표면적으로는 그렇습니다. 한국은 2016년 블룸버그 통신의 산업 혁신 평가에서 세계 1위를 차지했습니다. 읽기, 수학, 과학 영역의 학업 성취도를 평가하는 PISA(국제학업성취도평가)에서도 선두를 달리고 있습니다. 또한 수학과 과학 능력을 평

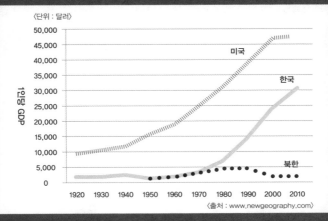

〈단위 : 달러〉

1인당 GDP

1920~2010년까지 한국과 미국의 1인당 국내총생산(GDP).

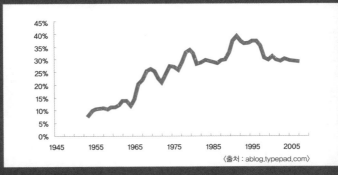

〈출처 : ablog.typepad.com〉

1945~2005년까지 한국의 GDP 대비 국내총고정자본 형성.

순위	총점	R&D 지출 집중도	제조업 부가가치	생산성	첨단기술 집중도	교육 효율성	연구 집중도	특허 활동
1 한국	91.31	2	1	39	2	1	6	2
2 독일	85.54	8	3	32	5	17	14	3
3 스웨덴	85.21	5	16	16	9	16	5	8
4 일본	85.07	3	13	29	5	34	9	1
5 스위스	84.96	7	8	3	10	25	13	5
6 싱가포르	84.54	17	5	5	13	2	7	24
7 핀란드	83.80	4	18	26	23	4	3	7
8 미국	82.84	10	26	8	1	37	21	4
9 덴마크	81.40	6	22	13	21	18	2	10
10 프랑스	80.39	15	39	15	4	12	18	11

〈출처 : www.bloomberg.com〉

2016년 블룸버그 통신의 혁신지수 순위.

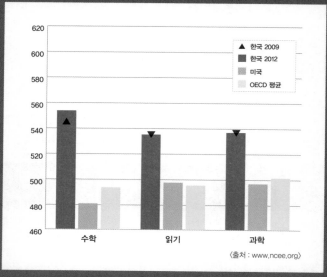

〈출처 : www.ncee.org〉

2012년 OECD(경제협력개발기구)가 실시한 PISA 점수

과목 / 연도		'95	'99	'03	'07
한국	수학	3	2	2	2
	과학	4	5	3	4
일본	수학	2	5	5	5
	과학	2	4	5	3
싱가포르	수학	1	1	1	3
	과학	1	2	1	1
미국	수학	18	19	15	9
	과학	12	18	9	11

〈출처 : www.moe.go.kr〉

IEA(국제교육성취도평가협회)가 실시한 TIMSS의 연도별 순위.

가하는 TIMSS(수학·과학 성취도 추이 변화 국제비교연구)에서도 한국 학생들의 성적은 최상위에 속합니다. 하지만 한국의 강점은 동시에 약점이기도 한데, 그것은 지식경제로 전환하는 데는 이전과 다른 역량이 필요하기 때문입니다. 제조경제는 획일적인 사고와 효율성에 기반한 경제입니다. 한국에는 강력한 문화적 가치관과 효율성을 뒷받침하는 표준화된 교육이 있고, 이를 통해서 지금까지 유례없는 학력 신장 및 경제성장을 거둘 수 있었습니다. 하지만 창의성을 기반으로 하는 지식경제에서는 획일성을 탈피하여 유연성을 발휘해야 하며 비효율적인 요소도 필요합니다. 그리고 전 생애에 걸쳐 재학습relearning과 탈학습unlearning이 이루어져야 하기 때문에 지금까지와는 완전히 다른 새로운 교육 방식이 요구됩니다.

저만 이런 주장을 하는 것이 아닙니다. 한국에서도 저서가 소개되었고 이곳에 여러 차례 다녀가서 여러분도 잘 알고 있을 키스 소여Keith Sawyer 박사도 한국은 PISA나 TIMSS 성적 같은 데만 주력하다보니 창의성이 말살되고 있다고 지적했습니다. '혁신경제이론'을 주창한 경제학자 리처드 플로리다Richard Florida 도 한국에 대한 평가가 후하지 않습니다. 그는 한 국가가 지식경제로 전환할 수 있는가를 보는 네 가지 기준을 제시했는데, 기술 Technology, 인재Talent, 관용Tolerance, 영역자산Territory Assets이 그것입니다. 기술 측면에서 한국은 세계 1위라고 할 수 있지만, 세계적으로 팔린 특허 수는 그리 많지 않습니다. 인재 측면에서 보면 인적자원은 10위, 과학 인재에서는 세계 13위입니다. 창의경제형 인재 수에서는 가장 낮은 부류에 속한다고 할 수 있습니다.

그다음 관용의 측면을 보겠습니다. 신경제에서는 다르게 사고하고, 다르게 행동하는 사람에 대해 관용을 베푸는 것이 굉장히 중요합니다. 그런데 한국은 이 분야에서 34위로 성적이 좋지 않습니다. 더 심각한 문제는 한국에서는 창의적 인력에서 많은 부분을 차지하고 있는 여성들의 경제활동 기회가 다른 나라에 비해 적다는 것입니다.

그리고 영역자산에 대해서 말씀을 드리자면, 이는 벤처기업가 정신을 지지하는 환경을 뜻합니다. 한국의 경우 투자 자금은 많지만 인적, 사회적 인프라는 열악한 상황입니다. 오른쪽 위의 그래프에서 보면 한국이 다른 국가에 비해서 연구개발(R&D) 예산을 많이 투입하고 있다는 것을 알 수 있지만, 아래 그래프를 보면 새로운 혁신, 즉 특허출원은 제자리걸음을 하고 있음을 알 수 있습니다. 돈으로도 문제가 해결되지 않고 있는 겁니다.

위대한 미래학자 앨빈 토플러Alvin Toffler는 이 문제에 대해 이렇게 지적했습니다. "지금 필요한 것은 새로운 유형의 교육이다. 학업 능력을 평가할 때 얼마나 많이 알고 있느냐가 아니라 얼마나

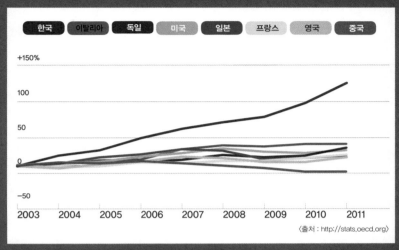

〈출처 : http://stats.oecd.org〉

각 국가별 R&D 예산 지출의 전년 대비 성장률.

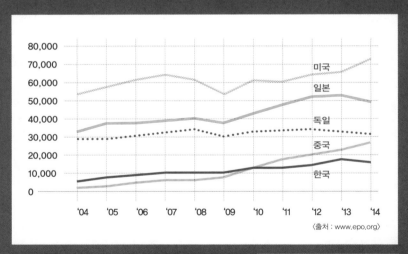

〈출처 : www.epo.org〉

유럽에서의 나라별 특허 출원 수.

빨리 학습하고 탈학습하고 재학습하는가를 봐야 하는 것이다."

　　지식경제에서는 무엇을 배웠고 시험 점수가 몇 점인지가 중요한 게 아니라, 새로운 것을 신속하게 배우고, 혁신하고, 적응하는 것이 중요하다는 겁니다. 한국 정부도 이것을 잘 이해하고 있기 때문에 교육개혁에 나선 것입니다. 그 예로 교과과정을 개정하고, 학교를 변화시키고 다양화하는 정책을 펴고 있습니다. 그리고 '융합인재교육STEAM : Science, Technology, Engineering, Arts & Mathematics'도 실시하고 있죠. 융합인재교육이란 과학기술, 공학, 수학을 위주로 한 교육에 예술 과목을 접목시키는 방식을 말합니다. 대학 입시를 보다 더 자율적으로 만드는 것도 교육개혁에 속할 겁니다. 그런데 이렇게 하면 한국이 창의적인 사회가 될까요? 사실 잘 모르겠습니다. 이런 방침이 현장에서 어떤 식으로 시행되는지도 잘 모르겠고요.

　　그래서 저는 이 자리에서 창의성과 융합인재교육이 장차 어떤 일을 할 수 있는지 제 나름의 생각을 이야기하려고 합니다. 몇 가지 질문을 던진 다음 제가 답하는 형식으로 말이죠. 창의성이란 무엇인가. 창의성을 찾기가 왜 그렇게 어려운 것인가. 교육이 어떻게 변해야 한국 국민들이 잠재적 창의력을 발휘하고 한국 경제가 창조경제로 변모할 수 있는가. 그리고 주변 환경과 상관없이 여러분 개개인은 무엇을 할 수 있는가. 왜 융합인재교육에 특히 예술 과목이 필요한가. 이런 질문들을 말이죠.

　　일단 창의성에 대해 흔히 하는 오해부터 말씀드리겠습니다. 첫째, 창의성은 타고난다는 믿음입니다. 저는 그것을 '모차르트 신화'라고 하겠습니다. 둘째, 창의성은 노력하지 않아도 그냥 저절로 나온다는 '영감 신화'가 있고요, 셋째, 지능이 창의성과 연관이 있다는 '천재 신화'가 있습니다. 넷째, 창의성은 문제를 해결하는 능력으로서 결과적으로 뭔가를 만들어낸다는 '생산 신화'가 있습니다. 다섯째, 창의적인 사람들은 전문가들이라는 '전문가 신화'가 있습니다. 여섯째, 창의적인 사람들은 신동이기 때문에 어렸을 때 창의성을 알아볼 수 있다는 오해도 있죠. 이것은 '신동 신화'라고 하겠습니다.

　　제가 보기에 이것들이 창의력에 대한 일반적인 인식입니다. 하지만 창의성은 타고나는 것이 아니라 학습되는 것입니다. 창의성은 영감이 아니라 불굴의 노력입니다. 또한 사실상 지능과는 무관하고 삶의 경험이 가장 중요합니다. 창의성은 문제를 찾고 문제를 제기하고 과제를 제시하는 능력이지, 해답을 도출하는 능력이 아닙니다. 또한 창의적인 사람들은 끈기 있는 초보자들이지 전문가들이 아닙니다. 마지막으로, 창의적인 사람들은 평범하지 않은 방식으로 다방면에서 훈련받은 팔방미인들입니다. 그래서 이들의 능력은 눈에 띄지 않다가 뭔가 중요한 기여를 하고 나서야 빛을 발하게 됩니다.

로버트 루트번스타인

창의성에 대한 첫 번째 신화
: 모차르트 신화

그러면 앞서 언급한 신화들을 하나씩 살펴볼까요. 첫 번째, 천재는 타고난다는 모차르트 신화입니다. 이 명칭은 모차르트가 다섯 살에 작곡을 시작했고 열 살에는 교향곡을 작곡했다는 사실 때문에 붙여진 겁니다. 이렇게 할 수 있는 사람이 몇 명이나 될까요? 실제 창의력과 관련된 일화를 하나 들려드리겠습니다. 아무도 창의적이라고 생각하지 않았던 사람의 이야기입니다. 이 이야기를 들려준 분은 초등학교 교사 출신으로 훗날 미국 캘리포니아주립대학교UCLA의 인문대 초대학장이 되셨습니다.

이분은 초등학교 저학년들에게 읽기 과목을 가르쳤는데, 읽기 능력을 향상시키기 위해서 아이들에게 이야기를 시키는 게 좋겠다고 생각했습니다. 그러면 언어의 이해가 촉진된다고 생각한 거죠. 그래서 수업을 시작할 때마다 "누가 이야기 하나 해줄래?" 하고 물었습니다. 학생들은 매일 손을 들고 자기 나름대로 이야기를 들려줬습니다. 하지만 한 남자아이는 한 번도 손을 들지 않았습니다. 그 교사 이름이 잭 모리슨이었는데, 그는 아이가 이야기를 하게끔 달래도 보고, 소리도 쳐보고, 창피도 주는 등 갖은 애를 써봤지만 뜻대로 되지 않았습니다.

이렇게 몇 주가 흘렀죠. 그러던 어느 날 아주 재밌는 일이 일어났습니다. 한 여자아이가 일어나서 피아노를 배운 고양이 이야기를 했습니다. 호기심이 많은 고양이가 피아노 위로 껑충 뛰어올라가서 건반 위아래로 딩동댕 소리를 내며 돌아다니다가 피아노를 배웠다는 겁니다. 그런데 다음 날, 그 남자아이가 손을 든 겁니다. 잭 모리슨은 흥분했습니다. 드디어 그 남자아이가 이야기를 하려는 참이니 반 전체가 무슨 이야기가 나올지 굉장히 기대를 하며 기다렸죠. 그런데 그 남자아이는 그 전날 여자아이가 말한 피아노 치는 고양이 이야기를 토씨 하나 틀리지 않고 그대로 반복하는 게 아닙니까. 실망스러운 내용이지만 잭 모리슨은 기뻤습니다. 남자아이가 드디어 벽을 허물고 이야기를 시작했기 때문이었죠. 그 남자아이는 다음 날에도 손을 들더니 피아노를 배운 개 이야기를 들려줬습니다. 그리고 다음 날에는 피아노를 배운 토끼 이야기를 해줬습니다. 그리고 다음 날에는 피아노를 배운 다람쥐 얘기를 해줬고요.

그렇게 몇 주가 흘렀습니다. 잭 모리슨 선생님과 다른 아이들은 더 이상 그 이야기를 듣고 싶지 않았습니다. 그래서 그 남자아이의 이야기에 손뼉을 치지도 않고 칭찬도 하지 않은 채 지루하고 지친 표정만 지었습니다. 남자아이도 이런 상황을 눈치챈 것 같았습니다. 하지만 이야기에 등장시킬 동물도 바닥나자 그때부

누가 창의적인 사람이 될지는 아무도 모르는 겁니다.
창의력은 배우는 과정에 좌우되기 때문이죠.
잭 모리슨은 그런 창의력 학습의 조건을 만들어낸 겁니다.

터는 새끼 고양이가 피아노 연주하는 이야기를 했고, 그다음에는 강아지의 피아노 연주, 새끼 토끼의 피아노 연주, 병아리의 피아노 연주 이야기를 몇 주씩 들려주었습니다. 반 아이들은 지겨워하다 못해 이제 그 남자아이를 놀리기 시작했습니다. 남자아이는 뭔가 제대로 안 되고 있다는 생각은 했지만 자기가 아는 유일한 이야기는 그것밖에 없었습니다.

연말이 되면, 잭 모리슨은 항상 최고의 이야기꾼을 뽑는 대회를 열었습니다. 모든 학생들이 자신들이 알고 있는 가장 재밌는 이야기를 하고, 반 전체가 투표를 해서 최고의 이야기를 뽑는 겁니다. 그 남자아이는 매번 똑같은 내용을 반복해서 들려줬기 때문에 누구도 그 아이가 창의적이라고 여기지 않았죠. 남자아이도 자기 한계를 알았고요. 그럼 그 아이는 어떻게 했을까요? 그는 다른 아이들이 모두 이야기를 끝낼 때까지 기다렸습니다. 마지막으로 그가 이야기할 차례가 됐습니다. 얼마나 절박한 심정이었겠습니까. 그래서 이런 이야기를 했겠죠. 그 남자아이는 그랜드피아노가 아기 피아노에게 피아노를 가르친 이야기를 한 겁니다. 잭 모리슨과 나머지 아이들은 격한 감동에 박수를 보냈고 그 아이를 그해의 최고 이야기꾼으로 뽑았습니다.

그 남자아이는 입을 열려고 하지도 않았고, 모두들 창의력이 전혀 없다고 생각했지만, 사실은 그 반에서 가장 창의적인 학생이

로버트 루트번스타인

었던 겁니다. 거기서 그친 게 아니라 그 아이는 모두의 시각을 바꿔놓았습니다. 저는 이 이야기를 들은 후, 주위를 살펴며 모든 것을 크고 작은 것으로 나눠서 생각해봤습니다. '큰 농구대가 작은 농구대에게 농구하는 법을 가르쳤을까?' '큰 먹구름이 작은 먹구름에게 비를 만드는 법을 가르칠까?' 하는 생각을 해본 거죠. 그러자 문득 세상의 모든 것이 다르게 보이기 시작하더군요.

이것이 창의력 수업입니다. 누가 창의적인 사람이 될지는 아무도 모르는 겁니다. 창의력은 배우는 과정에 좌우되기 때문이죠. 잭 모리슨은 그런 창의력 학습의 조건을 만들어낸 겁니다. 창의력이란 특별한 문제에 대응하는 능력입니다. 문제에 직면했던 그 딱한 남자아이는 어떻게 해서 결국 그런 생각지도 못한 대응을 할 수 있었을까요? 거기에는 격려하는 분위기가 필요했는데, 잭 모리슨이 그런 분위기를 조성해준 겁니다. 사람들이 다른 사람들의 이야기에 귀를 기울이는 환경 말이죠. 다들 지겨워했지만 모리슨은 그 남자아이가 계속 시도할 수 있게 해줬습니다.

창의적 학습에는 또한 반응을 보이는 관객이 필요합니다. 1년 동안 그 과정을 거친 아이들은 좋은 이야기가 무엇이고 어떻게 해야 깜짝 놀랄 만한 반응을 이끌어낼 수 있는지, 언제 새롭고 재밌는 이야기가 나오는지를 깨닫게 되었습니다. 마지막으로, 창의성은 변화를 일으킵니다. 그 소년의 이야기로 인해 제가 세상을 다른 눈으로 보게 됐듯이 말입니다. 앞으로 제가 세상을 보는 눈은 과거와는 다를 겁니다.

창의성에 대한 두 번째 신화
: 영감 신화

자, 두 번째 신화를 얘기해볼까요. 창의력은 영감이 떠오르기를 기다리면 뮤즈가 번득이는 아이디어를 알려주니 얻기 쉽다는 생각이죠. 지금부터 창의력의 상실과 영감에 대한 실화를 얘기해드릴까 합니다.

제가 처음 학생들을 가르친 곳은 UCLA입니다. 수업은 '창의적 방식'을 주제로 다뤘는데, 사실상 그 수업을 받는 학생들은 누구나 자신들이 창의력이 없거나 아니면 창의성을 잃어버렸다고 생각하고 있었죠. 그래서 제가 그들을 창의적으로 만들어주길 원했습니다. 글쎄요, 저는 자신이 없었습니다.

그런데 아주 흥미로운 학생이 있었어요. 그는 열여덟 살인데도 록밴드에게 곡을 써줘서 세계적으로 히트를 시켰습니다. 당연히 그 밴드는 다시 그 학생을 찾아와 곡을 하나 더 써달라고 했습니다. 그런데 4년 후에 그는 더 이상 곡을 쓸 수가 없어서 제 수업을 들으러 온 겁니다. 그는 저에게 창의성을 길러달라고 했습니다. 그도 모차르트 신화의 신봉자가 되어 있었던 겁니다. 그가 제게 털어놓길, 처음 곡을 썼을 때는 영감이 떠올라서 하룻밤 새에 한자리에서 그 곡을 써버렸다는 겁니다. 아마 모차르트도 그런 식으로 했을 겁니다. 하지만 사람들이 모르는 사실이 있습니다. 모차르트는 음악에 관해 생각할 때 모든 것을 기억하는 완벽한 기억력의 소유자였다는 거죠. 그래서 곡을 쓸 때 그는 모든 변주를 외워서 완벽하게 쓸 수 있었던 겁니다. 그런 능력을 가진 사람은 거의 없습니다.

저는 수업에서 사실 창의력이라는 것은 열심히 노력해야 얻을 수 있는 거라고 가르쳤습니다. 오른쪽 위의 사진은 웨일스의 시인 딜런 토머스Dylan Thomas의 창작 노트입니다. 쓰고 지운 흔적이 고스란히 보이시죠? 딜런은 한자리에 앉아서 쉽게 시를 써 발표한 게 아닙니다. 그가 쓴 대부분의 시는 버려졌어요. 아래 사진은 베토벤의 악보입니다. 그는 모차르트와 비견될 정도로 굉장한 음악가였죠. 하지만 베토벤의 자필 악보는 온통 쓰고 지운 흔적으로 가득합니다. 썼다가 다시 쓰고, 다시 쓰고, 다시 쓴 거죠.

쉽게 이루어지는 건 없습니다. 그래서 저는 그 작곡가 학생에게, 돌아가서 예전에 그가 어떻게 그런 창의성을 발휘했는지 돌이켜보라고 했습니다. 그 히트곡이 어떻게 해서 나왔는지 말이죠.

시인 딜런 토머스의 창작 노트.

베토벤의 자필 악보.

사실 창의력이라는 것은
열심히 노력해야 얻을 수 있는 것입니다.
무작정 영감을 기다리지 마십시오.
일단 시작해야 합니다.

그가 다시 나를 찾아왔을 때, 그는 생각해보니 그 히트곡을 쓰는 데 6개월이 걸렸다고 했습니다. 그런데 그 과정을 까마득히 잊고 있었던 거죠. 그가 첫 번째 곡을 쓸 때 가장 큰 난관은 주제가 두 가지인데 그 두 가지 악상을 어떻게 하나로 엮어야 할지 모르겠다는 것이었습니다. 두 주제를 하나로 엮을 수만 있다면 굉장히 흥미롭고 개성 있는 곡이 나오리라는 예감이 들었지만 그걸 어떻게 해결해야 할지 자신도 모르는 상태였습니다. 그런데 어느 날 밤 갑자기 이 두 가지 악상이 하나로 딱 맞물렸고, 그는 그날만을 또렷이 기억했던 것입니다. 그래서 자신이 한 번의 영감으로 그런 히트곡을 썼다고 생각한 겁니다. 일단 자신이 그 곡을 쓰기까지 6개월 동안 계속해서 고민하고 시도하고 실패했음을 기억하고 나자, 그는 다시 작곡을 시작할 수 있게 됐습니다. 그리고 그 학기가 끝날 무렵에는 우리에게도 그 곡을 들려줬습니다. 그의 다음 히트곡이 될 곡이었죠.

이 일화에서 배울 교훈은 분명합니다. 미국 최고의 발명가인 토머스 에디슨이 말했듯 '천재는 1퍼센트의 영감과 99퍼센트의 노력으로 이루어진다'는 겁니다. 무작정 영감을 기다리지 마십시오. 일단 시작해야 합니다. 두 번째 교훈은 창의력을 발휘해야 하는 과정이 교육의 중심이 되어야 한다는 겁니다. 지금은 그러한 창의력을 발휘하는 과정이 눈에 띄지 않죠. 미술관에 가면 그 결과만 있습니다. 우리는 훌륭한 명화를 보고, 모차르트의 곡을 듣지만 그 안에 깃든 예술가의 고된 노력은 볼 수가 없습니다. 창의적인 사람이 되는 유일한 길은 창의적인 사람들이 쓰는 방식을 열심히 따라하는 겁니다. 만일 그들이 그 방식을 비밀로 한다면 우리는 창의성에 대해 배울 수 없을 겁니다. 그러니 우리는 한 사람이 창의력을 길러가는 과정을 분명히 보여줘야 합니다.

창의성에 대한 세 번째 신화
: 천재 신화

창의성에 대한 세 번째 신화는 천재만이 창의적이라고 생각하는 태도입니다. 제가 《생각의 탄생》이라는 책에서 쓴 거라 여러분도 아는 내용일지 모르겠네요. 최대한 간단히 말씀드리겠습니다. 저는 프린스턴대학교에 다녔습니다. 굉장히 똑똑한 사람들이 많은 학교죠. 제가 거기서 공부할 때 존이라는 학생이 있었습니다. 실제 이름은 아니지만, 어쨌든 존은 프린스턴에서 50년 만에 나타난 천재라는 소리를 들었죠. 우리가 유기화학이나 물리 같은 수업에서 52점을 받을 때 존은 100점을 받을 정도였습니다. 그런데 누가 봐도 천재였던 그에게도 결점이 있었습니다.

로버트 루트번스타인

어느 날 우리는 물리학 시험을 치르고 강의실을 나가고 있었습니다. 우리는 모두 57점을 받고 존은 100점을 받은 시험이었죠. 존이 문을 여는데 열리지가 않는 겁니다. 그가 다시 밀었는데 소용이 없더군요. 그래서 제가 문을 밀었는데 쉽게 열리지 않겠습니까? 존이 저를 쳐다보며 그러더군요. "어떻게 한 거야?" 저는 존이 농담하는 줄 알고 정말 재밌다고 했죠. 그러면서 "우리는 지금까지 배운 물리학 법칙으로 방금 시험을 봤고, 거기서 너는 100점을 받았는데 나는 57점을 받았잖아. 그러니 나 놀리지 마" 하고 말했습니다. 그러자 존이 "나 장난하는 거 아냐. 정말 네가 그 문을 어떻게 열었는지 몰라서 그래"라고 하더군요. 내가 그를 보며 정말이냐고 물었죠. "정말 모르겠어. 내가 문 어디를 밀었더라? 가장자리? 너는 어디를 밀었니? 가운데? 힌트 좀 줘. 원리가 뭔데? 이해가 안 돼." 그래서 결국 제가 '회전력'을 이용한 거라고 했죠. 그제야 존은 아, 그렇구나 하면서 공식을 죽 읊고 나서 숫자를 대입한 뒤에 천재들이 하는 행동을 하는 겁니다. "아, 이렇게 하니까 더 쉽게……" 저는 존에게 정말 몰랐냐고 재차 물었죠. 정말 몰랐다고 합니다. 그는 자신이 수업 중에 배운 것을 현실의 어떤 것과도 연관 지을 줄 몰랐던 겁니다.

그 사건은 제 아내와 제가 쓴 책 《생각의 탄생》에 아이디어를 제공한 영감 중 하나입니다. 존은 물리학자로 크게 성공했죠. 실제로 박사학위도 받았고요. 하지만 그는 아무것도 발명한 게 없고, 의학에 기여를 한 것도 없습니다. 천재이긴 했지만 창의력은 전혀 없었던 거죠.

문제는 한국이 바로 이러한 존 같은 인재를 굉장히 많이 양산해내고 있다는 것입니다. TIMSS나 PISA 같은 시험에서는 최상위권에 속하지만, 이런 시험을 잘 보는 것과 창의력이 무슨 관계가 있을까요. 아무 관계도 없습니다. IQ 테스트를 만들어낸 루이스 터먼Lewis Terman이 실제로 실험을 해봤습니다. IQ 140 이상이고 수학, 과학, 언어에서 최고점을 받은 천재들을 모아서 말이죠. 결과는 그런 천재들도 IQ가 더 낮은 사람들과 창의력에서 차이가 없었고 오히려 창의력이 더 낮은 사람도 있었다는 겁니다. 이 결과는 수많은 다른 조사에서도 여러 번 증명된 바 있습니다. 실제로도 IQ와 창의력이 아무 상관 없음을 보여주는 사례가 많습니다.

제가 한 가지 사례를 보여드리죠. 노벨상 수상자 중 IQ가 120에서 130 정도 되는 사람들이 있는데, 여기 있는 사람들의 평균 IQ일 겁니다. 그러니 여러분들 모두 노벨상 수상자들의 IQ를 갖고 있는 겁니다. 제가 사례로 들고 싶은 사람이 루이스 앨버레즈Luis Alvarez입니다. 물리학자들이 아원자 입자를 관찰할 수 있도록 거품상자bubble chamber를 개발한 사람이죠. 루이스 터먼의 실험에 따르면 그는 천재의 범위에 들지는 못했습니다. 흥미롭게도 앨버레즈의 아버지는 그를 인문계 고등학교가 아니라 공업계 고등학교로 보냈습니다. 앨버레즈가 뭔가를 분해해서 조합하고, 장비를 개발하고, 전자기기를 갖고 노는 걸 좋아했기 때문입니다. 그의 아버지는, 이론적인 내용은 앨버레즈가 책을 통해 무엇이든 배울 수 있지만 발명가가 되려면 기계와 장비, 연장들을 실제로 써봐야 한다고 생각했던 겁니다. 그의 생각은 빛을 발해서 결국 아들은 새로운 물리학 실험장치를 개발한 최고의 발명가가 됐습니다.

또 다른 예로 로버트 윌슨Robert R. Wilson을 들 수 있습니다. 그는 초대형입자가속기를 만들어낸 물리학자일 뿐만 아니라, 조각가이기도 했고, 미국의 페르미연구소의 설계자이기도 했죠. 그는 초대형입자가속기를 설계할 때 조각품을 만들 때와 똑같이 생각하며 설계했다고 합니다. 기계설계와 조각이 똑같다는 거죠.

여기서의 교훈은 의미심장합니다. 한국은 학생들을 아주 일찍부터 인문계로 갈 것이냐 공고 또는 실업계로 갈 것이냐를 정합니다. 그런데 방금 사례로 든 물리학에서 지극히 창의적인 사람들은 양쪽 계열의 성향을 다 갖고 있습니다. 이런 발명을 하지 못한 존은 창의적인 게 아니라 굉장히 학술적인 부류이고, 과학기술 쪽으로 진출한 앨버레즈와 윌슨은 우리가 아는 바와 같이 창

물리학자 로버트 윌슨.

페르미연구소 앞에 있는 로버트 윌슨의 조각.

로버트 윌슨이 설계한 미국의 페르미연구소.

의적인 부류인 겁니다.

제 아내 미셸과 제가 연구를 한 게 있는데, 여기서는 자세히 말씀드리지 못하지만, 사실 오른쪽 그래프에서 보듯이 미국 전체적으로 보나 미시건주립대학교 출신들을 보나 미국 공학한림원에서 특허를 출원하는 사람들은 대부분 학점이 높은 사람들이 아닙니다. 대신 취미가 다양하거나, 금속공학이나 세라믹, 전기, 다양한 공예 쪽의 교육을 받은 사람들이었습니다. 따라서 여기서 얻을 수 있는 교훈은 간단합니다. 자신의 전공 분야에 숙달할 정도로 똑똑해야 하지만, 그 이상 똑똑할 필요는 없다는 겁니다. 창의력을 만드는 것은 지능이 아니라 남들이 생각하지 못하는 것을 자기 전문 분야와 결합시키는 능력이기 때문입니다. 그래야 남들이 풀지 못하는 문제를 풀 수 있거든요. 많은 사람들이 수학 문제를 풀 수 있지만, 앨버레즈나 윌슨처럼 공학적 기술이 있는 사람은 극히 드뭅니다. 그런 기술 때문에 그들이 특출해진 겁니다. 그러니 여러분이 변화를 원한다면 여러분의 고유한 특성이 무엇인지부터 생각해봐야 합니다.

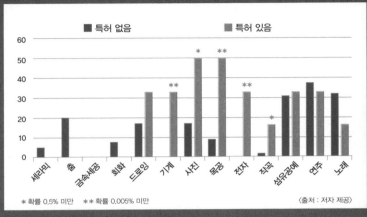

미시건주립대학교 융합인재교육 출신자들의
지속적인 예술·공예 활동이 특허출원에 미친 영향.

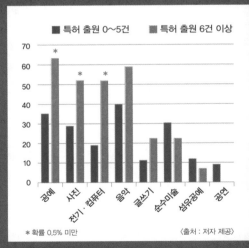

미국 공학한림원 회원들의
지속적인 예술·공예 활동이 특허출원에 미친 영향.

창의성에 대한 네 번째 신화
: 생산 신화

창의성에 대한 네 번째 신화는 창의성이 문제 해결 능력이라고 보는 시각입니다. 누군가가 창의적임을 아는 것은 그들이 해놓은 결과물을 보기 때문입니다. 하지만 창의성이란 게 결과물을 보고 판단하는 걸까요? 저는 그렇게 보지 않습니다.

관절경 수술을 예로 들어보겠습니다. 20~30년 전에는 무릎 관절에 문제가 있으면 의사들이 무릎의 피부를 15~20센티미터 정도 절개해서 벌린 다음 내부를 살피면서 수술을 했습니다. 그런 다음 봉합을 하고 환자는 병원에서 1~2주 동안 입원해 있으면서 회복을 기다리는 거죠. 그런데 관절경이라는 것이 개발되고 나서 수술이 마술처럼 간단해졌습니다. 관절경은 쉽게 말하면 시각섬유가 내장된 작은 로봇인데, 이것이 있으면 피부를 조금만 절개해서 내부를 살핀 다음, 그 작은 구멍으로 수술을 해서 관절 문제를 해결할 수 있죠. 그래서 환자는 수술 당일에 퇴원할 수도 있습니다.

이렇게 무릎에 관절경을 사용하고 나니, 의사들은 다른 부위에도 그것을 쓸 수 있지 않을까 생각했습니다. 위 수술이나 폐 수술, 담낭 수술은 어떨까. 그러다가 정말 어려운 수술인 신장 수술까지 생각해보게 됐습니다. 그런데 신장은 아래쪽 배의 등쪽에 쌍으로 위치해 있기 때문에, 기존의 방식대로 수술을 하려면 복부 전체를 완전히 열어서 소장, 대장, 간, 위 같은 온갖 장기들을 모두 한쪽으로 치워야 했습니다. 그래야 그 장기들 아래 숨어 있는 신장에 접근할 수 있으니까요. 관절경 수술을 하려고 하면 그 작은 도구를 여러 기관들의 절개된 구멍 사이를 뚫고 뒤쪽까지 보내야 했죠. 마술처럼 간단해지기는커녕 환자들은 수술대 위에서 두 배나 오래 누워 있어야 했고, 그들 중 많은 수가 마취 부작용으로 사망했습니다. 너무 오래 수술을 받는 바람에 합병증과 감염이 늘어났기 때문이었죠. 결국 5년 후에 의료계에서는 안 되겠다, 이건 불가능하다, 이 수술은 하면 안 된다, 이제는 이 수술에 대해서는 어떤 논문도 받지 않을 것이고, 컨퍼런스에서도 다루지 않을 것이다, 신장 수술에서 관절경을 이용하는 것과 관련한 모든 연구는 금지하겠다, 이것으로 끝이다, 라고 선언했습니다.

그런데 마침내 그 문제가 풀렸습니다. 위에서 말한 방식대로 해서 성공한 것이 아니라 문제를 다른 시각으로 봤기 때문이었습니다. 문제는 관절경 수술을 어떻게 써먹을 것인가가 아니라 어떻게 효과적으로 신장에 접근할 것인가가 아니었습니까? 그런데 아무도 그 생각을 하지 못했습니다. 그러다 2년 후에야 수술 경험이 거의 없는 아주 젊은 인턴이 한 컨퍼런스에 참석해서 이렇게 말한

로버트 루트번스타인

039

겁니다. 자기한테 2분만 주면 그 문제의 해결책을 밝히겠다고요. 선배 의사들은 다들 그를 비웃으며 웃기지 말라고 했죠. 인턴은 정말 해결책을 알아냈다고 했고요. 하지만 주위에서는 다른 의사들도 이미 다 해봤는데 소용없었다고. 그러다 창피만 당할 거라고 했죠. 인턴은 다시 그가 놀림감이 되고 경력에 먹칠을 하게 되더라도 그건 자기 문제니 허락만 해달라고 했습니다. 그제야 그들은 해보라고 했죠. 그 해결책이란 환자를 등이 보이게 눕히는 것이었습니다. 환자가 돌아누우면 신장이 바로 저기에 있으니 곧바로 접근할 수 있는 거죠.

이 방법은 그 후 신장 수술의 정석이 됐습니다. 관절경으로 수술할 때뿐만이 아니라 지금은 어떤 신장 수술을 하든 그 방식으로 하고 있는 겁니다. 신참이나 마찬가지인 사람이 그 수술법을 발견한 거죠.

여기서 중요한 것은 문제가 정확히 무엇인지를 알아야 한다는 겁니다. 질문이 잘못된 문제를 해결하려고 하면, 즉 답을 정해놓고 시작하면 아무것도 해결하지 못합니다. 아인슈타인은 문제에 대해 수식을 세우는 것이 해답보다 훨씬 더 중요하다고 했습니다. 수식만 있으면 반 이상이 해결된 셈이기 때문이죠. 또한 아인슈타인은 문제를 푸는 데 한 시간을 준다면, 자기는 55분을 올바른 질문을 찾는 데 쓰고 나머지 5분 동안 그 질문을 해결하는 데

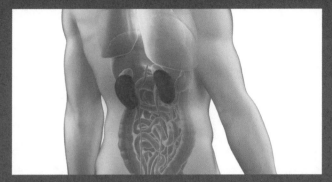

아래쪽 배의 등쪽에 쌍으로 위치한 신장.

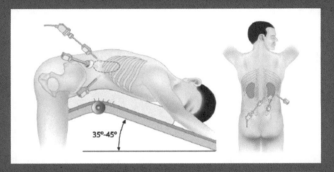

35°-45°

신장 수술에 관절경을 이용하기 위한 해결책.

중요한 것은 문제가 정확히 무엇인지를
알아야 한다는 겁니다. 질문이 잘못된 문제를
해결하려고 하면, 즉 답을 정해놓고 시작하면
아무것도 해결하지 못합니다.

쓰겠다고 했습니다. 이것은 우리가 배운 것과는 정반대되는 태도죠. 우리는 질문이 무엇인지 생각하거나 질문을 하는 데는 신경도 쓰지 않은 채 주어진 시간을 전부 문제를 푸는 데 쓰니까요.

그러므로 우리는 무지를 가르치는 교육도 해야 합니다. 무척 이상하게 들리겠지만 우리는 우리가 모르는 것이 무엇이고 그것을 어떻게 인식해야 하는지를 가르쳐야 합니다. 그리고 생각해보면 우리가 모르는 것에는 전문가가 없습니다. 전문가들이 미해결 문제를 이미 풀었다면 그 문제는 아예 존재하지 않았을 테니까요. 아주 간단한 사실이죠. 그리고 관절경 수술에서처럼 문제를 잘못 인식하면 아무리 대단한 전문가라도 그 문제를 해결할 수 없습니다. 질문이 잘못된 거니까요. 질문을 제기하는 기술은 습득할 수 있고, 그렇기 때문에 가르쳐야 합니다.

제가 자세히 다루겠지만, 여기 정말 좋은 모델이 있습니다. 여러분들도 인터넷에서 찾아볼 수 있는 건데, 의학적 무지에 관한 교육과정입니다. 이것은 애리조나대학교의 의대 교수 말리스 위트marlys Witte와 찰스 위트Charles Witte 그리고 철학자 앤 커윈Ann Kerwin이 처음 시작했죠. 이들은 우리가 무지할 수 있는 경우를 재밌게도 유형별로 분류해보기로 했습니다.

우선 우리가 모른다는 것을 우리가 알고 있는 '공공연한 무지'가 있죠. 그리고 우리가 모른다는 사실을 우리도 모르고 있는

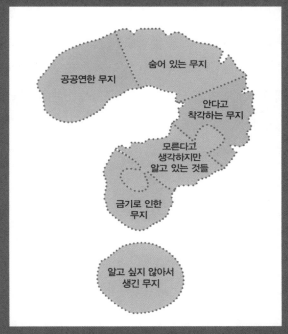

숨어 있는 무지

공공연한 무지

안다고
착각하는 무지

모른다고
생각하지만
알고 있는 것들

금기로 인한
무지

알고 싶지 않아서
생긴 무지

무지에 대한 유형별 분류.

세상에는 정말 다양한 경우의
무지가 있는데, 우리가 올바른 질문을 던지는
법을 배우기 시작한다면, 그때부터는
진척이 있는 겁니다. 그러니 답을 정해놓고
시작하는 습관을 버리고 문제를 올바로
인식했는지부터 살펴봐야 합니다.

'숨어 있는 무지'가 있고요. 우리가 모른다는 것을 우리도 모르고 있을 때 그것을 어떻게 알아낼 수 있을까요? 실수라든가, 우리가 알고 있다고 생각하지만 사실은 잘못 알고 있는 것들 말입니다. 세상에는 정말 다양한 경우의 무지가 있는데, 우리가 올바른 질문을 던지는 법을 배우기 시작한다면, 그때부터는 진척이 있는 겁니다. 그러니 답을 정해놓고 시작하는 습관을 버리고 문제를 올바로 인식했는지부터 살펴봐야 합니다. 신장 수술에서 관절경 사용을 중단했던 의사들이 한 실수는 진짜 문제가 무엇인지를 모르고 잘못된 질문을 했다는 것입니다. 그 인턴이 문제를 해결한 것은 그가 처음으로 진짜 문제를 이해했기 때문입니다. 그러니 여러분도 문제의 성격을 잘 파악했는지를 확인하셔야 합니다.

창의성에 대한 다섯 번째 신화
: 전문가 신화

자, 창의적인 사람들은 전문가라고 보는 시각이 다섯 번째 신화였죠. 방금 봤듯이 전문가들은 관절경 수술에서 생긴 문제를 해결하지 못했습니다. 그러니 이것도 잘못된 편견일 거라는 의심을 해봐야 합니다. 앞에서 말했듯이, 전문가들이 답을 알고 있었다면 문제는 존재하지 않았겠죠. 그런 상황이 계속된다면 전문가들은 무용지물입니다. 사실 많은 사람들이 전문가들의 속성을 지적했습니다.

오늘날의 과학기술 사회를 만든 사람들 중에 찰스 케터링 Charles F. Kettering이라는 분이 있는데, 이분은 1920년대부터 50년대까지 제너럴모터스(GM)에서 거대한 자동차 생산 시스템을 지휘한 사람입니다. 그런 사람이 이렇게 말했습니다. "만약 연구 프로그램을 중단시키고 싶다면, 전문가들 몇 사람을 데려와서 그 프로젝트에 대해 설명하면 됩니다. 그 사람들은 항상 그건 불가능하니까 하지 말라고 하는 데 전문이거든요." 그가 말하는 전문가들은 인간은 절대 하늘을 날 수 없다고 단언한 사람들입니다. 그런데 라이트 형제가 그 불가능의 연막을 뚫고 날아오르지 않았습니까.

또 다른 예를 들어볼까요. 1978년에 전문가들은 개인용 컴퓨터 시장은 절대 형성되지 않을 거라고 했죠. 제 아버지도 그들 전문가 중 한 명이어서 제가 잘 압니다. 여러분도 알고 계시겠지만 그 당시에도 애플 사에서는 이미 컴퓨터를 팔고 있었는데 전문가들은 그걸 몰랐던 겁니다. 비슷한 예가 개심 수술입니다.

개심 수술은 1952년에 최초로 시행됐습니다. 의료진 중 사실상 전문가는 두 명이었지만 그들은 한 번도 심장 수술을 해본 적이 없었습니다. 당시에는 모든 의학 교재에 '심장은 건드리지 말라'고 나와 있었기 때문이죠. 전 세계의 외과의사들은 인간의 심장을 수술한다면 그 환자를 죽이는 거라고 배웠습니다. 그래서 그 수술에 도전한 두 의사 앨프리드 블레이록Alfred Blalock과 헬렌 타우시그Helen Taussig는 완전히 초보자였던 거죠. 더 재밌는 것은 오늘쪽 사진의 화살표가 가리키고 있는, 수술이 진행되는 동안 의료진 뒤에 가만히 서 있던 남자입니다. 비비언 토머스Vivien Thomas라는 사람인데, 그는 의학 전문가가 아니었을 뿐만 아니라 대학도 다니지 않았습니다. 그래서 의사 자격증도, 대학 학위도 아무것도 없었죠. 하지만 그는 동물의 심장 수술 모델을 최초로 생각해내서 심장 질환 문제를 재현하고, 해결 방도를 알아내서 인간의 심장 수술을 가능케 한 사람입니다. 뿐만 아니라 여러 가지 수술 도구와 수술 기법도 개발했죠. 그래서 병원에서는 토머스가 수술 과정을 지켜보게 한 겁니다. 그는 정식 교육은 받지 않았지만 개심 수술에 대해 누구보다 잘 알고 있었기 때문이죠.

이러한 사례는 많습니다. 우리가 전화를 할 때 그 내용은 암호로 처리됩니다. 그런 암호화를 개발한 사람은 이 분야 전문가가 아니라 작곡가 조지 앤타일George Antheil과 여배우 헤디 라마Hedy Lamarr입니다. 최초로 시판된 컬러필름을 발명한 사람도 코닥이

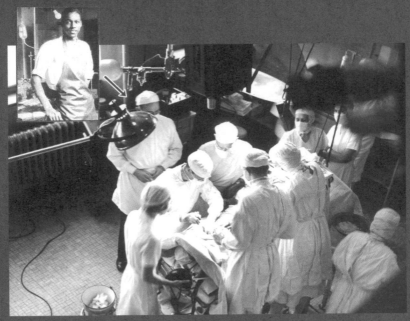

개심 수술이 진행되는 동안 의료진 뒤에서 수술을 지켜보는 비비언 토머스.

비비언 토머스는 정식 의학 교육을 받지 않았지만
동물의 심장 수술 모델을 최초로 생각해내서
심장 질환 문제를 재현하고,
해결 방도를 알아낸 사람입니다.

나 후지필름 같은 회사의 전문가가 아니라 직업이 연주가와 작곡가인 두 사람입니다. 이들은 사진을 너무 좋아해서 이 문제를 스스로 해결하기로 결심했던 겁니다. 그리고 컬러필름을 개발하는 데 성공하자 그 특허권을 코닥에 팔았죠. 그러니 코닥크롬은 사실 아마추어 두 명이 발명한 겁니다.

다시 위대한 혁신가 헨리 포드로 가볼까요. 포드는 오늘날 모든 생산체제에서 쓰이는 생산라인을 처음 개발했습니다. 그가 이렇게 말했죠. "나는 어떤 일이 왜 불가능한지를 설명하는 사람은 필요 없다. 그런 사람은 수도 없이 많으니까! 내가 찾는 사람은 불가능한 일이 어떤 것인지 모르는, 무한 능력의 소유자다." 그런 사람은 전문가가 아니라 불가능 자체를 이해하지 못하는 사람입니다.

여기서 되새겨야 할 교훈은 새로운 시장을 개척하는 사람은 전문가가 아니라는 것입니다. 신출내기들이 개척하는 겁니다. 그렇기 때문에 스티브 잡스와 스티브 워즈니악이 그들 방식대로 나아가서 애플을 창업했고, 빌 게이츠가 자기 방식대로 나아가서 마이크로소프트를 창업했고, 마크 저커버그가 자기 방식대로 나아가서 페이스북을 창업한 겁니다. 이런 아이디어들을 전문가들에게 제시했다면 그들은 하나같이 절대 안 된다고 했을 것입니다. 그러니 혁신을 원하는 현대의 기업들 앞에 놓인 과제는 혁신가들

1940년대 무선 전파 기술을 발명한 헤디 라마와 조지 앤타일.

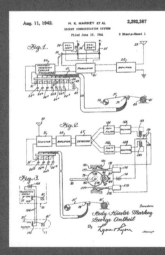
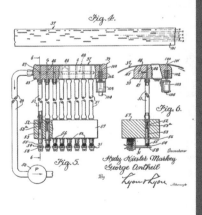

무선 전파 기술 특허출원서의 부분.

이 전문가들에게 도전할 기회를 주는 겁니다.

두 번째 교훈으로 강조하고 싶은 것은 미지의 영역에는 전문가가 없다는 것입니다. 그러므로 혁신가들은 너 나 할 것 없이 신출내기입니다. 창의적인 혁신인지 아닌지를 시험하는 방법은 '그냥 해보는 것'뿐입니다.

그럼 잠시 생각해봅시다. 창의력이란 무엇일까요? 제가 보기에 창의력에 대한 가장 훌륭한 정의는 제롬 브루너Jerome Bruner가 내린 "창의력은 효과적인 놀라움이다"입니다. 이미 알려진 방식에 집착한다면 어떻게 놀라울 수가 있겠습니까. 아무도 놀라지 않겠죠. 우리 모두가 똑같은 방식으로 교육을 받는다면, 그래서 우리가 알고 있는 것을 남들도 알고 있다면 어떻게 다른 사람을 놀래줄 수 있겠습니까? 창의력을 키우는 유일한 방법은 기존의 것들을 새로운 방식으로 결합하는 것이고, 그렇게 하려면 다른 사람들이 모르는 것을 알아야 합니다. 과거에도 많은 전문가들이 이렇게 말했으니 저는 그들이 한 말을 반복하는 것뿐입니다. 그중 한 명인 제이콥 브로노우스키Jacob Bronowski는 "과학자나 예술가는 별개의 지식이나 경험에서 지금까지 알려지지 않은 유사점을 발견해서 새로운 조화를 만들어내는 사람들이다"라고 했습니다. 스티브 잡스는 이렇게 말했죠. "창의력이란 별게 아니라 아는 것들을 연결하는 것이다. 창의적인 사람들에게 어떻게 그런 일을 했냐고 물어보면 그들은 약간 뜨끔할 것이다. 왜냐하면 그들이 한 일이라곤 뭔가를 발견한 것뿐이기 때문이다. 시간이 얼마간 지나면 그들에게 뭔가가 분명히 보이는데, 그것은 그들이 과거의 경험들을 연관시켜 새로운 뭔가로 융합시킬 수 있기 때문이다."

앞에서 얘기한 몇 가지 사례를 생각해봅시다. 루이스 앨버레즈는 수학과 과학 지식을 결합하고 남다른 손재주와 전기 관련 지식을 활용했습니다. 최초의 심장 수술 때 맨 뒤에서 지켜보던 비비언 토머스는 목수 일을 배웠던 사람입니다. 그래서 그림 솜씨가 탁월했죠. 그는 의사들에게 어떻게 수술을 진행해야 되는지 그림을 그려 단계별로 알려주었습니다. 또한 수술 도구들도 발명했죠. 조지 앤타일과 헤디 라마가 주파수를 생각해낸 건 당면 문제를 암호 프로그램이나 전기적 문제로 생각한 게 아니라 음악적 문제로 생각했기 때문입니다. 레오폴드 고도프스키Leopold Godowsky와 레오폴드 매너스Leopold Mannes가 컬러필름을 생각해낸 건 자기들 실험실에서 이것저것을 가지고 놀 수 있었기 때문입니다. 일반 회사의 화학자들은 그럴 기회가 없었죠.

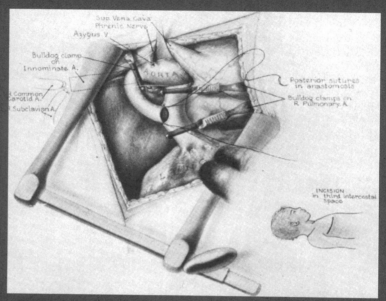

비비언 토머스가 의사들에게 심장 수술의 진행 과정을 설명하기 위해 그린 그림.

비비언 토머스는 목수 일을 배웠던 사람입니다.
그래서 그림 솜씨가 탁월했죠.
그는 수술 기법뿐 아니라
수술 도구들도 발명했습니다.

창의성에 대한 여섯 번째 신화
: 신동 신화

　자, 이제 여섯 번째 신화로 넘어갑시다. 창의적인 사람들은 천재가 아니라 팔방미인이자 독학자들입니다. 팔방미인은 어떤 사람일까요? 그것은 여러 분야에 능통한 사람입니다. 독학자는 스승을 두지 않고 혼자서 학습하고 재학습하는 사람을 말합니다. 이제 제가 아내 미셸과 함께 진행한 몇 가지 연구를 보여드리겠습니다. 이런 연구를 저 혼자 한 게 아니라 아내가 큰 역할을 했음을 말씀드리고 싶습니다.

　최근에 우리가 연구한 대상은 과학 분야의 노벨상 수상자들입니다. 알고 보니 그들은 특이하게도 성인이 되어서도 노벨상을 받은 그 분야에서 연구를 하는 동안 취미와 여가 활동을 즐기고 있었습니다. 일반 과학자들이나 보통 사람들에 비해 미술이나 공예, 글쓰기, 연주 같은 취미에 17~25배나 많은 시간을 바치고 있었던 겁니다. 그들은 지식을 새로운 방식으로 결합하는 법을 알고 있는, 말하자면 팔방미인의 부류였던 거죠.

　아내와 저는 아니지만 과학 분야 외에도 노벨경제학상, 평화상, 문학상 등의 수상자들로 확장한 연구가 지금 마무리 단계에 와 있습니다. 거기서 우리가 발견한 사실은 노벨상을 탄 사람들은 하나같이 팔방미인이라는 점입니다. 그런데 약간의 차이는 있습니다. 그래프의 파란색 막대는 경제학자를 나타냅니다. 경제학자들은 과학 전공자들이 많았습니다. 60퍼센트 이상이 과학에서 학위를 받고 그 후에 경제학으로 옮겨간 겁니다. 다만 그들이 다른 과학자들과 다른 점은 그들의 주요 관심사가 미술이나 공예가 아니라 인간과 인문학이라는 점입니다. 어떻게 보면 경제학자들은 사물이 아니라 인간을 연구하는 과학자들이라 할 수 있겠죠. 여기서 중요한 것은 창의력이 뛰어난 사람들은 하나같이 자신이 알고 있는 것들을 남다른 방식으로 융합했다는 겁니다. 팔방미인이 되는 데는 한 가지 길만 있는 게 아닙니다. 창의력 교육에는 왕도가 없다는 말입니다.

여기서 몇 가지 예를 들어보겠습니다. 데즈먼드 모리스Desmond Morris는 옥스퍼드의 동물학자입니다. 아주 훌륭한 학자죠. 하지만 그는 초현실주의 화가이자 소설가, 영화감독이기도 합니다. 그는 자신이 왜 이렇게 여러 가지 일을 하는지 생각해보다가 곧바로 이런 대답을 얻었습니다.

오늘날에는 사람들을 과학자나 화가 같은 부류로 나눌 수 없다. 탐구하는 사람이냐, 아니냐로 나뉠 뿐이다. 어떤 분야를 탐구하느냐는 그다음 문제다. 내가 그림을 그리는 동안 그

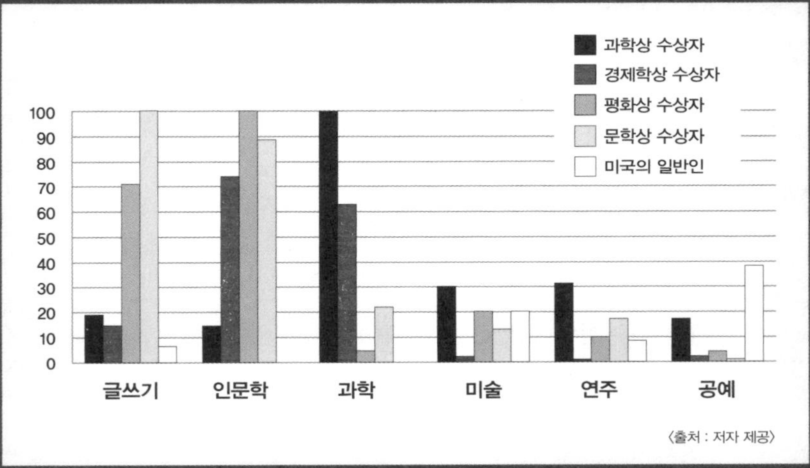
과학상 수상자
경제학상 수상자
평화상 수상자
문학상 수상자
미국의 일반인
100
90
80
70
60
50
40
30
20
10
0
글쓰기
인문학
과학
미술
연주
공예
〈출처 : 저자 제공〉

노벨상 수상자들의 분야별 여가 활동 비율.

창의적인 사람들은 천재가 아니라
팔방미인이자 독학자들입니다.
팔방미인은 어떤 사람일까요?
그것은 여러 분야에 능통한 사람입니다.

림은 손재주가 아니라 일종의 개인적인 연구가 된다. 결론은, 나는 일부는 과학자고 일부는 화가인 것이 아니라 그냥 우리가 알고 있는 모든 분야를 탐구하는 사람이라는 것이다. 주관적인 면도 있고 객관적인 면도 있지만 모든 분야를 결합하는 사람이다.

또 다른 예도 있습니다. 노벨생리의학상을 받은 프랑수아 자코브Francois Jacob는 자서전에서 이렇게 말했죠.

우리는 이런 시각에서 과학이란 것을 다시 생각해봐야 한다. 과학적인 발전은 단지 관찰하면서 실험의 결과를 축적하여 거기서 이론을 도출하는 것이 아니다. 아마 대부분은 그렇게 배웠겠지만 말이다. 과학은 가능한 세계, 정확히 말하면 가능한 세계의 조각을 발명하는 데서 시작한다. 그리고 그것을 현실 세계와 비교해서 실험해보는 것이다. 다른 말로 하면 과학은 상상이며, 가능성을 갖고 노는 것이다.

제 아내 미셸이 최근에 쓴 책도 그렇게 가능성을 가지고 노는 내용입니다. 제목은 《상상의 세계 창조하기Inventing Imaginary Worlds》인데 현재 번역 중이니 한국에서는 일 년 안에 출간될 겁니다.

그런데 한국에서도 여러분들이 귀감으로 삼을 만한 분들이 적지 않습니다. 여기서 몇 분을 소개해드리겠습니다. 이어령 전 문화부장관은 한국 문화에 대한 방대한 지식을 갖고 있으면서 일본의 전자제품이 얼마나 축소 지향적인지를 설파한 명저도 쓰셨죠. 그분은 '디지로그 사물놀이' 같은 4D 무대기술의 개발을 지원함으로써 그 모든 지식을 결합했습니다. 디지로그 사물놀이는 한국의 전통 역사에서 나온 독창적인 문화의 정수를 최첨단 전자기술과 결합하여 세계 어디에서도 찾아볼 수 없는 새로운 결과물로 탄생시킨 작품입니다.

제가 한국에 올 때 몇 차례 만나기도 했던 강석진 전 제너럴 일렉트릭(GE) 코리아 회장은 세계적으로 널리 알려진 화가이기도 합니다. 기업에 근무하는 동안에도 그는 해마다 한 달의 휴가를 얻어 그림만 그릴 정도로 실제로 이 두 가지 경력을 조화롭게 운용했습니다. 여러분이 교수님이나 현재 사장님에게 매년 한 달 동안은 그림만 그리겠다고 하면 뭐라고 할까요. 아마 제정신이 아니라고 생각하겠죠. 하지만 강석진 씨는 그 휴가를 심신을 재충전하는 데뿐 아니라 업무상의 문제를 새로운 시각으로 보는 데 사용했습니다. 그래서 회사에 복귀한 후에는 업무에서 더 창의력을 발휘할 수 있었죠. 그는 휴가를 얻을 때 부하 직원들을 교육한다는 명분도 내세웠습니다. 그가 자리를 비운 동안에는 부하 직원

중 누군가가 그의 자리를 대신해야 하기 때문이죠. 그 말은 해마다 부하 직원 중 한 명은 CEO 또는 CEO의 비서 또는 부서장 수업을 받을 기회를 가진다는 뜻입니다. 그는 부하 직원들에게 새로운 사고방식을 훈련시킬 수 있었고, 더불어 다음에는 누구를 승진시켜야 할지도 알 수 있었죠. 그러므로 미술은 그의 경영을 도와주는 역할도 한 것입니다.

젊은 사람들 중에서 고르라면 최우람 씨가 있는데, 그의 키네틱 조각품은 세계적으로 호평을 받고 있습니다. 여기에는 이유가 있는데, 그의 작품은 하나하나가 미술과 공예, 최첨단 섬유기술, 최첨단 전자공학이 결합되어 기존에 없던 과학기술을 구현한 발명품이기 때문입니다. 단순한 예술이 아니라 과학기술까지 적극적으로 도입한 작품인 것이죠.

여기서도 창의성에 관한 교훈을 얻을 수 있습니다. 협소한 범위에 머물지 말고 다양한 분야의 지식을 쌓으라는 겁니다. 과제를 해결하는 데 필요한 것을 배우십시오. 그 문제를 보며 어떤 훈련을 해야 할지 생각해보는 겁니다. 그리고 직업과 취미, 여가 활동과 관심 분야를 융합할 길을 찾아보십시오. 거기에서 유용한 것을 얻어내려면 강석진 씨처럼 방법을 강구해야 합니다. 놀이를 통해 가능성을 탐구해보세요. 다시 어린아이가 되어 좋아하는 걸 배우고, 재밌어 보이는 걸 해보는 겁니다. 그러는 과정에서 여러분만의 질문이 떠오르게 될 겁니다.

여기서 묻고 싶습니다. 여러분은 모자를 몇 개나 쓸 수 있습니까? 그러니까 얼마나 다양한 분야를 알고 그것들을 결합할 수 있습니까? 모자를 하나만 쓸 수 있다면 한 분야에서만 교육받은 셈이므로 결합할 게 없습니다. 창의력을 발휘할 수가 없다는 거지요. 모자를 두 개 쓸 수 있다면 결합할 수 있는 요소가 두 개입니다. 여러 개 쓸 수 있다면 그만큼 가능성도 커지겠지요. 여기서 강조하고 싶은 것은 이론적인 것이 아닙니다. 다른 사람의 업적을 연구해서 얻은 것도 아닙니다.

미셸과 저는 《생각의 탄생》을 집필할 때, 그리고 현재 쓰고 있는 원고 작업을 할 때 우리가 주장하는 것들을 정말로 실천했습니다. 저는 과학자라서 실험실이 있고, 연구비를 받고, 과학 논문을 씁니다. 하지만 다른 한편으로 예술가이기도 하고, 사진가이기도 합니다. 역사학 박사학위도 있어서 과학사와 예술사 연구도 합니다. 미셸은 역사학도이지만, 놀이와 창의성에 관한 연구를 해서 획기적인 성과를 이루기도 했습니다. 또한 세계적으로 알려진 하이쿠 작가이기도 하죠. 최근에는 판화를 시작했고요. 더 많이 배울수록 우리는 창의성에 대해 더 많은 것을 이해할 수 있게 되었습니다. 그래서 여러분에게 창의성에 대해 더 잘 설명해줄 수 있고, 여러분이 직접 실천할 수 있게 도와줄 수 있는 것이지요.

혁신교육이란 무엇인가

이제 마무리를 할 때가 됐군요. 사실상 정규교육은 창의력에 별 도움이 안 됩니다. 상상력과 창의력, 독창성을 길러주지 않으니까요. 누가 그 답을 구했고, 어떻게 그 해결책을 생각해냈는지는 가르쳐주지 않고 답만 알려줍니다. 그래서는 발전이 없습니다. 정규교육 과정에서는 새로운 해결책을 찾거나 질문을 생각해내는 법도 연습시키지 않습니다. 과거에 초점을 맞추고, 이미 알려진 사실들에 초점을 맞추기 때문에 똑같은 사고와 똑같은 행동을 가르치는 겁니다. 앞에서 말했듯이, 이런 것들은 대량생산 경제에 맞는 방식입니다. 모든 사람이 똑같은 식으로 일하고, 똑같은 텔레비전 방송을 보고, 항상 변함없는 방식으로 일해야 하는 시대 말입니다.

하지만 혁신경제 시대에는 혁신교육이 필요합니다. 혁신교육에서는 누가 답을 찾아냈고 어떻게 찾아냈는지를 가르침으로써 우리가 답을 찾도록 가르칩니다. 과거에 성공한 사람들의 모범을 보여줌으로써 장차 혁신가가 되는 데 필요한 전략을 찾게 해주는 겁니다. 혁신교육은 다른 사람들의 성공적인 실천과 문제해결 방식을 재창조함으로써 창조하는 연습을 시킵니다. 혁신교육은 학생들에게 이미 알려진 것이 아니라 기존의 사실에 의문을 제기하는 법을 가르칩니다. 혁신교육은 재밌고, 유연하고, 비범하고, 미래에 초점을 둡니다. 우리가 아직 모르는 것, 아직 발견하지 못한 것, 아직 생각해내지 못한 과제들이 중심이 되는 거죠. 우리 앞에 놓인 과제는 이겁니다. 강연을 시작할 때 제가 현재는 어려운 시대라고 했죠. 하지만 제가 보기에 우리가 직면하고 있는 가장 큰 어려움은 경기 침체가 아니라 어떻게 미래를 맞을 것인가, 입니다.

지금까지 한국은 경제 분야에서 다른 나라들도 이미 알고 있는 방식을 더 잘해냄으로써 뛰어난 실적을 거뒀습니다. 텔레비전이나 냉장고처럼 한국에서 생산되는 수많은 제품을 발명한 것은 아니지만 그것들을 다른 나라보다 잘 만들어냈고, 혁신하고 변화를 주는 데서도 남들보다 뛰어났죠. 훨씬 효율적으로 생산을 했다는 겁니다. 하지만 지식경제에서는 그것만으로는 부족합니다. 다른 나라와 마찬가지로 한국이 미래에 앞서 나가려면 지금까지 아무도 하지 않았던 일을 해야 하고, 아무도 생각해내지 못한 과제들을 생각해내야 합니다. 이 말은 누구보다 먼저 새로운 과제, 남들이 인식하지 못하는 과제, 미래에 무엇보다 강력한 영향을 줄 가능성을 알아내야 한다는 뜻입니다. 그것은 모든 전문가들이 부정적인 전망을 얘기할 때도, 언젠가는 누구나 개인 컴퓨터를 갖게 될 거라고 내다본 스티브 잡스 같은 사람이 되는 겁니다. 자, 여러분도 그 도전에 임하시겠습니까?

로버트 루트번스타인

Q 이 홀에서 나갔을 때 창의적인 사람이 되기 위해서 딱 한 가
지를 해야 한다면 무엇일까요?

A 음, 딱 한 가지만 말해달라는 부탁을 자주 받지만, 한 가지만
있다고는 생각하지 않습니다. 결국 여러 가지가 시스템적으로 맞
물려야 합니다. 질문하는 법도 알아야 하고 광범위한 경험도 쌓
아야 하고 그걸 기반으로 올바른 질문도 할 수 있어야 합니다. 그
래도 그 모든 것이 구체적으로 나타나는 가장 중요한 활동 하나
를 꼽으라면 '놀이'라고 생각합니다. 놀이는 수많은 요소를 발현
시킵니다. 탐험하고, 자신만의 규칙을 만들고, 다양한 것을 시도
하고, 자기만의 게임을 개발할 수 있는 가능성이 놀이에 포함되어
있죠. 이런 것들을 해야 하는데 그러려면 놀 시간을 충분히 벌어
야 합니다. 한국에서는 놀 시간을 확보하는 게 어렵다는 것을 잘

알고 있습니다. 하지만 앞에서 얘기했듯이 창의적인 사람들은 대부분 잘 놀았고 일부러 시간을 내서 다른 분야를 배우고 연구했습니다. 그러니 여러분이 좋아하는 것을 발견한다면, 취미든 여가 활동이든, 춤추기든 새로운 것을 시도해보십시오. 그냥 재미로 하는 것이면 뭐든 좋지만, 조금 진지한 태도로 그것을 어떻게 활용해야 직업과 연관시킬 수 있을지 고민해보세요. 제가 보기에 가장 유익한 것을 한 가지 꼽으라면 그것입니다.

- -

Q 강연에서 질문의 중요성에 대해 언급하셨는데, 선생님이 갖고 계셨던 빅 퀘스천은 무엇인가요? 그리고 그것이 삶에 어떠한 영향을 미쳤는지요?

로버트 루트번스타인

A 정말 좋은 질문입니다. 저한테는 두 가지가 있습니다. 첫 번째 빅 퀘스천은 오늘 이 자리에 선 것과 직접적인 연관이 있는 것인데, 그것은 모든 지식을 하나로 모을 수 있는가, 라는 겁니다. 너무 거창한 질문인데, 그건 불가능할 겁니다. 하지만 우리가 르네상스라고 부르는 시대가 있었기에 모든 것에 대해 고민하고 모든 것을 시도해봤던 레오나르도 다빈치 같은 인물도 존재했다고 봅니다. 물론 저의 빅 퀘스천은 엄청나게 어려운 과제이지만, 설령 그것이 성공할 수 없다 하더라도 그런 식으로 자신을 밀어붙이면 그만큼 많이 배우고 그만큼 많은 걸 시도해볼 수 있을 거라고 생각합니다.

그리고 제가 몰두해 있는 또 다른 빅 퀘스천은 너무 전문적이어서 보통은 이런 자리의 청중들에게는 이야기하지 않는데, 오늘은 말씀드리겠습니다. 제가 굉장히 깊은 관심을 갖고 있는 문제는 자가면역질환이란 게 뭔가 하는 것입니다. 이 질환은 어떤 사람의 면역체계가 그 사람의 신체를 공격하는 겁니다. 그것이 류머티즘성 관절염이나 당뇨병, 루푸스처럼 여러 유형으로 나타나는 거죠. 인간의 자가면역질환의 원인에 대해서는 알려진 게 없습니다. 치료법도 없고, 그 질환을 연구하기 위한 적절한 동물 모델도 없습니다. 그래서 제가 과학계에 발을 들여놓을 때 스스로 부여한 과제 중 하나가, 앞에서 말한 것들이 어쩌면 이쪽 분야 사람들이 문제 인식을 잘못 한 건 아닐까. 그래서 내가 질문을 새로운 방식으로 명확히 제시하면 이런 질환의 원인과 치료법을 알아내는 데 진전이 있지 않을까, 하는 가능성을 타진해보는 것이었죠. 아직 새로운 질문 방향을 찾지는 못했지만, 연구는 계속하고 있습니다.

Q 질문을 잘하는 것이 중요하다고 말씀하셨는데, 막상 질문을 하려고 하면 머릿속이 복잡해져서 질문이 명확해지지 않는 경우가 많습니다. 명확한 질문을 던지기 위한 요령이 있습니까?

A 연습! 그것이 가장 간단한 해결책입니다. 질문을 제기하는 것도 하나의 기술이고 그래서 다른 기술과 다를 게 없습니다. 예를 들어, 저는 예전에 첼로를 연주했는데, 처음 첼로를 켠 날 저희 부모님은 집 안의 문을 모두 닫으셨습니다. 제가 켜는 첼로 소리가 정말 견딜 수 없었던 거죠. 그렇게 몇 주가 지나고 몇 달이 지나고 나서야 저는 어떻게 소리를 내야 음악을 제대로 연주할 수 있는지를 터득하게 됐습니다. 정말이지, 모든 기술은 그렇게 발전합니다. 그러니 이해하기 힘든 질문을 해서 바보 취급을 받더라도, 그리고 나중에야 부족함을 깨닫게 되더라도 그것을 두려워하지 마십시오. 모두 필요한 과정이니까요. 그렇게 더 많이 시도할수록, 더 적

극적으로 창피당할 각오를 할수록, 여러분은 결국 더 나은 질문을 생각해낼 겁니다.

제가 학생 때 던졌던 질문 몇 가지가 있는데, 그건 도저히 말씀드릴 수가 없군요. 그중 어떤 질문은 교수님이 듣고 저한테 실제로 소리를 지르셨습니다. 대학교 때 정말로 사람들이 저한테 소리를 질렀다는 말입니다. 그렇더라도 용감하게 부딪쳐서 배워야 합니다.

Q

어떤 특정 분야의 전문가들은 자신의 영역을 다른 영역과 연결한다고 하셨습니다. 저 같은 경우 많은 것들에 관심이 있어서 동시에 여러 가지를 시도하는 경향이 있는데, 한 분야를 마스터하고 새로운 것을 시도하는 것이 좋을까요, 동시다발적으로 여러 가지를 시도하는 것이 좋을까요?

A

좋은 질문입니다. 제 아내와 저는 실제로 팔방미인들, 그러니까 여러 분야에 능통한 사람들을 연구하고 있는데, 우리가 궁금해하는 것도 그것입니다. 연구 결과 그런 사람들이 선택하는 길은 7~8가지가 있더군요. 어떤 사람들은 질문하신 분의 방식과 똑같습니다. 팔방미인들은 여러 분야를 탐구하는데, 많은 경우 몇 가지 재능을 발휘해서 조직에 들어가거나 그 창의력을 유익하게 사용합니다. 그렇게 몇 년 동안 그 일을 하다보면 아마 다른 분야가 공부하고 싶어질 겁니다. 이런 사람들은 항상 몇 가지 분야를 탐구하는 일종의 연속 학습자라고 볼 수 있죠. 그러므로 당신이 하고 있는 방식은 아주 현실성이 있는 겁니다. 그것과 다른 방식도 많습니다. 한 분야의 전문가로 시작해서 서서히 가지를 쳐나가는 사람도 있고, 아주 다양한 분야를 동시에 시작했다가 자신이 가장 잘할 수 있고 유리한 특정 분야를 찾아 그것을 전문으로 하는 사람도 있습니다. 또는 한 가지씩 차례로 해보다가 자신이 창의력을 발휘할 수 있는 분야를 발견해서 한 15년 후에 그 분야로 옮겨가는 경우도 있겠죠. 이런 식으로 유형은 다양합니다. 중요한 것은 자기에게 맞는 방식을 쓰면 된다는 겁니다. 자신의 성향에 맞고 인생의 목표와도 맞는 것으로요. 어떤 방식을 생각하든 그것을 실천하는 게 중요하니까요.

Q

이질적인 두 가지를 처음으로 결합하면 대부분의 경우 이전에 있던 뭔가를 잃어버리게 되지 않나요? 이런 경우 이질적인 것들을 어떻게 이해하는 것이 좋은지, 그리고 그것들을 좋은 방향으로 조화시킬 수 있는 방법이 있는지 알려주시면 좋겠습니다.

로버트 루트번스타인

A 　네 맞습니다. 이질적인 두 가지를 처음으로 결합하면 대부분의 경우 이전에 있던 뭔가를 잃어버리게 됩니다. 하지만 그 결합으로 인해 이전에 갖고 있던 것보다 더 나은 것을 얻게 되죠. 질문하신 분이 구체적인 사례를 들어주면 설명하기가 쉬울 텐데, 이런 경우를 생각해보죠. 만일 제가 예술 활동을 하는데 그것으로 제 전문인 과학 분야에 예술적 특성을 부여하려고 한다면, 저는 예술가로서 제가 하는 작업에서 어느 정도 양보를 해야 합니다. 과학 연구를 하다보면 예술을 끌어들일 때 특정 방식을 써야 하기 때문이죠. 또 과학만으로는 얻을 수 없는 특성을 예술로부터 부여받으려면 과학에도 어느 정도 제약을 가할 수밖에 없습니다.

　　이런 경우에 맞는 구체적인 사례를 말씀드리겠습니다. 저는 트랜스미디어 아티스트와 함께 작업을 하는데, 그는 굉장히 특이한 재료와 방식을 사용하여 작품 활동을 합니다. 애덤 브라운 Adam Brown이라는 이 독창적인 아티스트는 과학적인 기법과 과학 분야에서 쓰는 소재를 주로 사용합니다. 우리 둘은 협력해서 과학 실험 모형working experiment이자 키네틱 입체작품을 만들었습니다. 이 입체작품은 생명의 기원을 실험하는 장면을 보여줍니다. 그런데 이 공동 작업을 완성하기까지 애덤과 저는 여섯 달 정도를 예술작품이자 과학작품이 되려면 실제로 작품이 어떠해야 하는지를 계속 토론했습니다. 협상 끝에 우리는 목표 달성을 위해

저는 과학의 어떤 부분을 포기하고 애덤은 예술 관련 아이디어를
포기하기로 했죠. 하지만 우리는 둘 다 그렇게 해서 다행이라고
생각했습니다. 그 합작품은 지금까지 아무도 생각지 못한 결과로
탄생했고, 그 결과를 위해 약간의 양보를 한 보람이 있었습니다.
이것이 대답이 되었기를 바랍니다.

어떻게 보면 뭔가를 배우는 과정과 그것을 버리는 과정은 한
단어로 결합할 수 있습니다. 바로 회의주의죠. 회의주의란 뭔가를
배우는 동안 그것을 믿는 것을 유보하는 태도인데, 그러면 배운
내용이 틀렸음이 밝혀졌을 때 그것을 머릿속에서 지우기가 훨씬
쉽습니다.

이와 관련된 사례도 말씀드리겠습니다. 제가 젊었을 때 한번
은 저명한 과학자에게 아이디어를 어디서 얻느냐고 물어봤습니
다. 그랬더니 그분은 50년 전에 출간된 교재를 가져다 읽는다는
겁니다. 그리고 거기서 두 가지를 깨닫는답니다. 첫 번째는 그 책
에 나온 내용 중 절반이 현재 오류로 밝혀졌다는 것입니다. 이것
은 우리에게도 시사하는 바가 큰데, 우리가 현재 배우고 있는 내
용 중 절반이 어쩌면 틀릴 수도 있다는 것을 뜻하기 때문입니다.
하지만 그것은 30~40년이 지나서야 알게 되겠죠. 두 번째는 우
리가 예전에 알았던 사실들을 잊어버린다는 겁니다. 그분은 그 오
래된 교재에서 지금은 책에 실리지 않는 온갖 재밌는 결과와 문

제들을 찾아낸다고 합니다. 당시에는 그 문제들을 풀지 못해서 그에 관한 글도 중단하고 책에도 싣지 않게 되었는데, 오십 년 후에 보니 '어, 지금은 이 문제를 해결할 방법이 있는데' 하고 깨닫는 거죠. 그러므로 우리가 알고 있는 것은 모두 의심의 여지가 있고, 우리가 못 푸는 문제도 어쩌면 풀 수도 있다는 말이 됩니다. 그 사이에서 균형을 잡기는 쉬운 일이 아닙니다. 우리가 알고 있다고 생각하는 것이 모두 오류일지도 모른다는 것, 그리고 지금 해답이 없다고 생각하는 것이 모두 해결될 수도 있다는 것을 늘 의식하기는 힘들다는 겁니다. 하지만 좀더 마음을 열고 보면 새로운 방식으로 결합할 수 있는 것들이 보일 겁니다.

자, 여기까지 와서 제 얘기를 들어주신 여러분께 감사드립니다. 이 자리에서 여러분이 명심해야 할 한 가지를 말씀드리자면, 저를 전문가로 생각하면 안 된다는 겁니다. 저는 제 나름대로 최선을 다해 이야기했지만 제가 한 말 중 절반은 틀렸을 겁니다. 그리고 그것을 여러분들은 30~40년 후에야 알게 되겠지요. 하지만 이 자리를 떠나면서 그 사실을 기억하되 여러분 방식대로 실천하십시오. 가장 중요한 건 무엇이든 실행하는 것입니다. 행동에 옮기십시오! 남들이 여러분에게 실행을 허락해줄 때까지, 당신이 하는 일이 훌륭하다고 말해줄 때까지 기다리면 안 됩니다. 오늘 말씀드린 창의성에 대한 연구를 제가 처음 시작할 때 "와, 그 거 멋진데!" 하고 말해준 사람은 한 명도 없었습니다. 혁신적이고 의미 있는 일은 무엇이든 처음에는 대접을 못 받습니다. 여러분이 시작해서 그것을 증명해야 합니다. 그래서 오랜 세월이 지난 후에 는 팬들을 거느리는 멋진 경험을 해야 합니다. 언젠가는 여러분 모두가 수많은 팬을 거느린 인물이 되기를 바랍니다. 감사합니다.

로버트 루트번스타인

나다움을
잃어버렸을 때

정여울

안녕하세요, 오늘 '진정 나 자신이 되는 길은 무엇인가'라는 주제로 여러분과 대화를 나눌 정여울입니다. '상실의 시대' 하니까 저에게 가장 먼저 떠오른 것은 '나 자신'이었습니다. 나 자신을 잃어버리는 듯한 느낌, 그것이 가장 뼈아픈 상실감이 아닐까요. 나다움이란 무엇인가, 내가 인정하고 받아들일 수 있는 나다움은 무엇인가? 저 자신 이 질문을 던지기까지 아주 오랜 시간이 걸렸던 것 같습니다. 우리는 부모도, 국가도, 성별도 선택할 수 없습니다. 나 스스로 선택할 수 없는 많은 것들이 우리를 규정하고 있어요. 그렇다면 내가 선택할 수 없는 것들 속에서 나다움을 적극적으로 만들어갈 수 있는 방법은 무엇인가. 이걸 찾아가는 방법이 지성이고, 인문학이 아닌가 싶습니다.

나 자신에게 이르는 길, 그 참된 시작

여러분 혹시 헤르만 헤세의 《데미안》 좋아하시나요? 《데미안》에는 제 자신에게 '진정 나 자신이 되는 길은 무엇인가'라는 질문을 던지게 한 문장이 나오는데요. 한번 읽어볼까요.

> 한 사람 한 사람의 삶은 자기 자신에게로 이르는 길이다. 일찍이 그 어떤 사람도 완전히 자기 자신이 되어본 적은 없었다. 그럼에도 누구나 자기 자신이 되려고 노력한다. 우리가 서로를 이해할 수는 있다. 그러나 그 의미를 해석할 수 있는 것은 자기 자신뿐이다.
>
> —헤르만 헤세, 《데미안》(민음사, 2000) 중에서

이 글이 던지고 있는 주제를 간략하게 정리하면 '누구나 다 자기 자신이 되고자 하지만, 진정한 자기 자신이 되는 것은 참으로 어렵다'는 겁니다. 어떤 사람은 자기 자신이 되지 못하고, 그냥 개구리나 원숭이에서 그치고 말죠. 어떤 사람은 그냥 벌레 같은 삶으로 인생을 끝낼 수도 있어요. 개구리나 원숭이나 벌레가 되지 않고 정말 자기 자신이 되려면 각고의 노력이 필요하다는 뜻입니다.

나다움을 잃어버렸을 때

《데미안》에는 이런 이야기도 나와요. "나는 평생 나 자신이 되기 위해서 노력했을 뿐인데, 참다운 나 자신이 되기 위한 길은 왜 이렇게 멀고 험했을까?" 저는 이 문장을 한 십 년 동안 되새기며 고민했던 것 같아요. 처음에는 이 말이 무엇을 뜻하는지도 몰랐거든요. '나는 이미 난데 왜 나 자신이 되어야 한다고 말하는 거지?'라고 생각했을 뿐이죠.

그런데 사회생활을 하면서 지치기도 하고, 실패도 하고, 다른 사람의 의견에 휘둘리기도 하면서 그제야 '내 자신이 되는 것'이 굉장히 힘든 일이라는 것을 깨닫게 됐어요. 서른 즈음의 시기, 가장 방황이 깊어진 시기였죠. 이제야말로 나 자신을 찾기 위한 모험을 떠나야겠다고 생각했어요. 그 방황의 길 위에서 만난 것이 바로 심리학입니다. 저는 수많은 심리학 이론들 중에서도 카를 구스타프 융Carl Gustav Jung의 분석심리학에 관심을 가지게 되었습니다. 융이 인간의 마음에 관해 설명하는 핵심적인 키워드들이 있는데요, 저는 그중에서도 '그림자shadows'라는 것에 크게 매혹되었어요. 그림자는 페르소나persona의 반대말이라고 할 수 있습니다. 페르소나가 가면이라면 그림자는 가면 뒤에 숨어 있는 진짜 내 얼굴이지요.

융이 만든 중요한 개념 중에 셀프self라는 개념은 바로 '진정한 자기 자신'이라고 보시면 됩니다. 셀프는 가장 나다워질 때의 궁극적인 내 모습, 평소에는 숨어 있지만 어떤 결정적인 계기에 나타나는 나 자신의 본모습이라고 보시면 됩니다. 셀프는 보통 '자기自己'라고 번역해요. 그리고 에고Ego는 '자아自我'라고 번역하죠. 에고가 욕망과 의지의 산물이라고 한다면, 셀프는 무의식에 잠재된 나 자신일 때가 많아요. 나 자신의 모습 중에서 남들에게 보여주지 못하는 나 자신, 그것을 셀프라고 할 수 있어요.

내 그림자와 대면하기

융의 여러 개념 중에서 페르소나와 그림자의 구별은 매우 중요합니다. 페르소나는 남들에게 보여줄 수 있는 나 자신의 모습입니다. 겉으로는 굉장히 쾌활하고 적극적인 것처럼 보이지만, 속으로는 우울한 감정을 숨긴 채 끙끙 앓고 있는 사람이 많죠. 그리고 겉으로는 적극적인데 속으로는 내성적인 사람도 많고요. 남들에게 보여줄 수 있는 모습, 사회생활을 유지하기 위해 편집되고 윤색된 내 모습이 페르소나라면, 그와 반대로 남들에게 보여주기 싫은, 보여줄 수 없는 모습이 그림자인 거죠. 페르소나와 그림자와의 관계는 지킬 박사와 하이드의 관계와 같아요. 지킬이 곧 하이드이지만, 지킬은 페르소나로 나타나고 하이드는 그림자로 나타납니다. 유명 인사이자 교수로서의 멋진 사회적 자아가 페르소나이고, 그 멋진 자아 속에 감춰진 악마적 본성이 그림자라는 겁니다.

그런데 지킬과 하이드 때문에 그림자가 너무 '악명 높은 것'으로 오해받아온 측면이 있어요. 그림자가 꼭 나쁜 것만은 아닙니다. 우리는 누구나 트라우마나 콤플렉스를 지니고 살아가요. 저도 제 자신이 지닌 그림자의 어둠 때문에 깜짝 놀랄 때가 있습니다. 가끔은 내가 우울증이 아닐까 하는 의심이 들기도 해요. 이처럼 남들에게 쉽게 보여줄 수 없는 마음을 그림자라고 할 수도 있어요. 이 그림자를 알아내고 대면하는 일이 일단 진정 나 자신에게 이르는 길의 시작이 아닐까 싶습니다.

저는 글쓰기 수업을 하면 학생들에게 자기소개서를 써오라고 해요. 젊은 친구들이 자기소개서를 써온 것을 보면 보통 이런 경우가 많아요. '저는 무슨 수학경시대회에서 상을 받았습니다.' '저는 무슨 글짓기 대회에서 상을 받았습니다.' 이런 이야기를 많이 써와요. 자기 자랑이라고 할 수 있는 것들이죠. 그런데 수학경시대회나 글짓기 대회에서 상을 받은 사람이 다른 사람이 될 수도 있잖아요. 상을 받는 것은 기분 좋은 일이긴 하지만 '이 세상에 나만이 갖고 있는 개성'은 아닌 셈이죠.

그런데 이런 식의 자기 자랑 말고 어린 시절의 상처에 대해서

써봐라, 자기 스스로 가장 아프게 생각하는 단점이나 아킬레스
건이 무엇인지 써봐라, 하고 과제를 내주면 학생들의 글이 갑자기
좋아집니다. 그림자에 관심을 가지기 시작할 때, 비로소 자기 자
신과 대면하기 때문이겠죠.

한 학생은 자신의 아킬레스건에 대해 써보라고 하니까, '나
는 내 쌍둥이 오빠에게 지독한 콤플렉스를 가지고 있다'는 내용
의 글을 써왔어요. 이란성쌍둥이로 자라면서 자신보다 늘 뛰어나
고 남의 이목을 끄는 오빠에 대한 열등감이 자신을 규정해왔다고
요. 하지만 시간이 지나면서 자신이 그 열등감을 극복해나가는
과정을 글로 썼는데, 정말 글쓰기 실력이 며칠 만에 확 늘었다는
생각이 들 정도였어요.

이렇듯 그림자에는 '특별한 에너지'가 있습니다. 바로 내 삶
을 뿌리 깊은 곳에서 지탱해온 삶의 진실성이지요. 페르소나는
위장이 가능하지만 그림자는 위장할 수가 없어요. '남들에게 보
여주기 위한 것'이 아니라 내 안에 둥지를 틀고 있는 상처의 집합
체이니까요.

르네상스 시대 화가 파울로 우첼로가 그린 〈용과 싸우는 성
게오르기우스〉는 제게 '그림자의 소중함'을 인식하게 해준 매우
결정적인 그림입니다. 이 그림은 우리에게 익숙한 이야기를 내포
하고 있습니다. 기사나 왕자가 백마를 타고 나타나서 동굴이나 성

파울로 우첼로, 〈용과 싸우는 성 게오르기우스〉, 1470년경.

융 심리학에서는 꿈이나 신화에 나오는
이미지나 인물들을 다 '자기 안의 일부'로 봅니다.
그러니까 이 그림에 나오는 왕자도, 공주도, 용도,
심지어 동굴까지도 다 '나'의 일부로 볼 수 있는 거죠.

탑에 갇혀 있는 공주, 또는 아름다운 여인을 구해내는 이야기죠. 공주를 구해내기 위해서 왕자는 괴물이나 용과 싸워 이겨야 해요. 저는 처음에는 이 그림을 싫어했어요. 이런 그림은 여성을 수동화한다고 생각했거든요. 여자는 기사나 왕자가 오기만을 기다리며 드레스나 바꿔 입고 머리나 빗고 있어야 한단 말인가, 하는 생각이 들었어요.(웃음)

그런데 심리학을 공부하면서 이 그림에 다른 메시지가 있을 수 있다는 걸 깨달았습니다. 융 심리학에서는 꿈이나 신화에 나오는 이미지나 인물들을 다 '자기 안의 일부'로 봅니다. 그러니까 이 그림에 나오는 왕자도, 공주도, 용도, 심지어 동굴까지도 다 '나'의 일부로 볼 수 있는 거죠. 나의 또 다른 모습, 이걸 알터 에고Alter Ego라고 합니다. "내 안엔 내가 너무도 많아, 당신의 쉴 자리 없네"라는 노랫말처럼, 그렇게 '너무 많아서 도무지 빈자리를 찾을 수 없는 빼곡한 자아의 이미지들'이 바로 우리 안의 무의식입니다.

그중에서도 '내 마음에 드는 나, 내가 감당할 수 있는 나'가 페르소나로 몰린다면, '내가 용납할 수 없는 내 모습들'은 그림자로 몰리게 되지요. 그런데 그림자는 어떤 결정적인 상황이 발생했을 때 갑자기 분출되기도 해요. 저도 굉장히 화가 났을 때나 전혀 예상치 못한 상황이 되면 제 안의 '괴물'이 튀어나오는 것을 느끼곤 합니다.(웃음)

이 그림에서 왕자는 '의식consciousness'이라고 보면 됩니다. '에고'라고 보셔도 좋습니다. 나 자신의 모습인 거죠. 왕자는 내가 의식할 수 있는 자아이고, 공주는 무의식unconsciousness이라고 볼 수 있을 것 같아요. 진정한 자기, 셀프라고 보셔도 좋습니다. 그러니까 왕자와 공주의 결혼은 '무의식과 의식의 결합', 나아가 '에고와 셀프의 결합'이라고 볼 수 있지 않을까요? 결국 이 그림은 왕자나 기사가 공주를 구하고 행복하게 살았다는 이야기를 그린 것이 아니라 의식과 무의식의 궁극적인 통합, 즉 '진정한 자기 자신이 되는 길'을 보여주는 것이 아닐까 생각해봅니다.

내 안의 그림자와 만나기까지

융 심리학에는 '개성화'라는 개념이 있어요. 진정한 나 자신이 되는 것. 이게 바로 개성화입니다. 가수나 의사, 변호사와 같은 '직업적 자아'가 아니라 '내가 궁극적으로 되고 싶은 존재, 진정한 나 자신'이 되는 길의 완성이 바로 개성화라고 볼 수 있죠.

개성화를 위해서 가장 중요한 것은 의식과 무의식의 결합입니다. 왕자가 용과 싸워서 이기지 못한다면 무의식(공주)을 만날 수 없어요. 용은 의식과 무의식의 대면을 가로막는 장벽입니다.

따라서 개성화를 위해서는 용과의 싸움이 굉장히 중요합니다. 그런데 이 용은 무엇일까요? 용은 그림자라고 볼 수 있습니다. 내 안의 두려움이죠.

너는 잘 못할 거야, 성공하지 못할 거야, 네가 하는 일은 아무리 열심히 해도 잘 안 될 거야, 등 우리가 정말 열심히 무언가에 열중하는 순간에도 찾아오는 나 자신에 대한 자기 검열, 이게 바로 용입니다. 내가 분명히 해낼 수 있는데, 그걸 할 수 없다고 말하게 만드는 그 무엇이죠. 왕자는 이 무서운 용과 싸워서 이겨야만 비로소 공주와 대면할 수 있습니다. 즉 의식이 그림자와 맞서서 이겼을 때 비로소 자신의 무의식을 대면할 수 있는 겁니다. 그런 의미에서 그림자는 '무의식을 향한 소중한 통로'가 될 수 있습니다. 진정한 나 자신에게 이르는 길, 그 길을 가기 위해 반드시 거쳐야 할 관문, 그것이 바로 그림자와의 용감한 대면인 것입니다.

최근 들어서 뉴스를 보거나 사람들의 대화를 듣다보면 예전보다 훨씬 자주 듣게 되는 단어들이 있어요. 시스템, 자존감, 갑을관계, 이런 단어들이지요. 시대의 흐름을 타고 점점 더 자주 언급되는 단어들이 아닐까 싶어요. '자존감'에 상처를 입을 일이 많다 보니 자존감이라는 단어를 더 많이 사용하게 되고, 자존감을 위협하는 사회적 분위기에는 '시스템'이나 '갑을관계' 이런 것들이 작용하는 거죠. 거대한 시스템에 비해 개인의 힘은 더욱 미약하게 느껴지고, 이런 것들이 실제 생활에서 갑을관계의 갈등으로 나타나게 됩니다.

시스템의 거대한 장벽에 막혀 인간으로서의 주체성을 잃어가고 있는 현대인들의 가슴에는 '내 자존감을 지킬 방법은 무엇인가'라는 물음이 생기게 됩니다. 자존감의 바깥에는 페르소나가 있고, 자존감의 안쪽에는 그림자가 도사리고 있어요. 페르소나를 화사하게 단장해서 자존감을 지키려고 하지만, 페르소나 뒤에 숨어 있는 우리의 그림자는 페르소나로는 도저히 위장할 수 없는 수많은 상처들로 뒤덮여 있습니다. 그렇다면 내 안에 있는 수많은 '용'과 싸울 힘을 우리는 과연 어디서 찾아야 할까요.

내가 무엇 때문에 아플까? 무엇 때문에 힘들까? 자신에게 이런 질문을 던져서 우선 나를 괴롭히는 트라우마의 정체를 알아야 이길 수 있겠죠. 그래야 용과 싸워 이기고 공주와 만나서 사랑을 나눌 수 있을 거예요. 왕자와 공주의 사랑, 그 사랑이 바로 '무의식의 의식화'입니다. 무의식의 의식화란, 의식이 미처 감지하지 못한 채 무수하게 잠재되어 있는 수많은 '또 다른 나'를 의식의 영역으로 불러오는 것입니다. 무의식의 나를 의식의 나로 바꾸는 것입니다.

내 안에는 음악가도 있고, 미술가도 있고, 지금까지 한 번도 만나보지 못한 사람들과 친구가 될 수 있는 가능성도 있고, 전 세계를 일주할 수 있는 가능성도 있어요. 내 안에는 참 많은 것들이 있는데 우리는 '의식의 영역'으로 끌어내지 못하고 있잖아요. 그렇다면 그 가능성들은 무엇일까요. 바로 우첼로의 그림 속에서 보았던 공주인 거죠. 그리고 내 무의식 속에 존재하지만 아직 왕자와 만나지 못한 부분, 잠재된 무의식의 가능성을 깨워내는 것이 바로 용과의 싸움인 것입니다. 그래서 용과 싸워서 이기지 못하면, 공주와 만날 수 없게 돼요.

제가 심리학과 신화에 관심을 갖게 되면서 생각한 것은 이런 거예요. 나는 용과 싸워서 이긴 적이 몇 번이나 될까? 처음 심리학과 신화에 관심을 갖기 시작했을 무렵에는 용과 싸워서 이긴 적이 거의 없었던 것 같아요. 그 용이 있는 줄도 몰랐어요. 심지어 저는 제 그림자와 싸워야 한다는 생각도 못했습니다. 제 그림자를 보면 도망치기 바빴으니까요. 남들 앞에서 부끄러웠던 기억들, 이 정도는 해낼 줄 알았는데, 매번 실패하고만 기억들, 내가 그 사람을 사랑하는 만큼 그 사람은 나를 사랑하지 않는다는 사실을 알았을 때의 충격 같은 것들. 그런 내 마음의 그림자를 깨달을 때마다 도망치고 싶은 마음, 그게 방어기제defense system입니다.

방어기제는 나 자신을 방어하기 위해서 고슴도치처럼 온몸에 가시를 세우는 거예요. 일단 불리한 사건들을 만나면 핑계를 댔죠. '나는 상처받지 않았어.' '나는 전혀 아프지 않아.' 이렇게 스스로에게 거짓말을 했습니다. 가족은 사실 탓하기 어려운 존재 잖아요. 나에게 아무리 큰 상처를 주었다 하더라도, '당신이 나에게 상처를 줬어', 하고 말하기 어려운 존재예요. 특히 부모와의 관계가 그런 것 같아요. 저도 그랬던 적이 있고요. 부모나 가족과의 불화는 입 밖으로 꺼내기가 쉽지 않기 때문에 더 큰 그림자, 더 짙고 무거운 그림자로 가라앉게 되거든요.

그런데 일단 그 그림자를 인정하고 나면 치유의 가능성이 열려요. 무의식과 의식의 만남이 가능해지는 거죠. 그림자의 중심에는 가족과의 갈등에서 오는 트라우마가 놓여 있는 경우가 많습니다. 바로 그 그림자를 스스로 솔직히 인정하는 것이야말로 자기 치유의 시작이 될 수 있습니다.

독서, 나다움을 묻는 질문과의 만남

그런데 그림자는 이렇게 나를 아프게 하지만, 좋은 측면도 있습니다. 그림자를 인식함으로써 '진정한 나 자신'에 조금 더 가까워질 수 있기 때문입니다. 그 그림자 속에 숨은 나다움을 찾는 것이 어떤 과정인지를 생각해보면 어떨까요. 나다움을 찾게 해주는 것은 무엇인가. 내가 점점, 나다워지는 것은 무엇인가. 조건과

외형이 아닌 나 자신을 만들어가는 방법은 무엇인가. 이런 질문을 할 수 있을 때 내 안의 무의식, 더 큰 나 자신과 만날 수 있게 되는 거죠. 따라서 '나다워지는 것은 무엇인가'에 대한 질문을 할 수 있는 순간들을 만드는 것이 무엇보다 중요해요. 저는 이 질문들을 가능하게 하는 가장 좋은 방법이 독서라고 생각합니다.

저는 독서를 통해 내 상처가 무엇인지, 내 문제가 무엇인지를 가장 많이 깨닫습니다. 책을 읽는 행위는 겉으로 보기에는 아주 차분하고 정적인 작업처럼 보이지만, 심리적으로는 굉장히 역동적인 작업이거든요. 내 안의 상처를 막 들쑤시는 일, 타인의 상처를 통해 내 상처를 비춰보는 것이 독서입니다. 내 마음이 바다라면, 그 마음에 폭풍우가 치고, 그 바다에서 정처 없이 표류하는 것이 독서예요. 돌이켜보면 제가 좋아하던 책들은 하나같이 제 마음에 커다란 상처를 남겼습니다. 나를 더 아프게 하고, 더 슬프게 하는 책들이 더 기억에 많이 남아요. 진정한 나 자신, 그리고 나 자신의 그림자와 만나게 해주니까요.

페터 비에리의 《리스본행 야간열차》라는 책이 있어요. 영화로도 나왔는데, 보신 분들도 계시죠? "우리가 우리 안에 있는 것들 가운데 아주 작은 부분만 경험할 수 있다면, 나머지는 어떻게 되는 건가?" 어떠세요? 이 문장을 읽었을 때, 제 안에 뭔가가 '꿈틀'했거든요. 이런 문장이 우리 안의 그림자를 툭 건드립니다. 평소에는 꽁꽁 잘 숨겨놓았는데, 이렇게 가슴을 찌르는 문장들을 만나면 내 안의 그림자는 꿈틀하며, 자기의 존재를 주장합니다. 내가 여기 있다고. 나도 좀 봐달라고. 어둡다고, 못생겼다고, 무시하지 말라고, 네 안의 그림자를 돌봐달라고 아우성을 칩니다.

이 문장을 다시 한 번 음미해볼까요. "우리가 우리 안에 있는 것들 가운데 아주 작은 부분만 경험할 수 있다면, 나머지는 어떻게 되는 건가?" 우리가 지금까지 살아오면서 실제로 경험한 것들은 우리 안에 있는 수많은 잠재적 힘들 가운데 극히 일부에 지나지 않습니다. 만약 우리가 천 가지의 능력이나 욕망을 가지고 있다면, 생애 동안 그중에 열 개 정도만 간신히 써먹을 수 있는 것이 아닐까요. 이것은 나이와는 상관없어요. 왜냐하면 우리는 써본 적이 있는 능력만 계속 반복해서 쓰기 때문이에요. 내 능력을 인정받는 곳에서만 일을 하고, 내가 익숙한 곳에서만 계속 사람을 만나요. 그럼 결국 나는 내 안에 있는 것들 중 아주 일부밖에 경험할 수 없습니다.

그러면 그 나머지는 어떻게 될까요? '내 안에 수많은 힘들 가운데, 아직 쓰지 않은 힘들을 쓸까, 말까', 바로 이것이 우리의 진정한 선택이 되겠죠. 나 자신에게 이르는 길에서 핵심적인 질문이 바로 이것입니다. 우리는 국가나 부모, 여러 가지 환경을 선택할 수는 없지만, 이런 것들은 선택할 수 있어요. 내가 쓰지 못한 나의 능력, 내가 표현하지 못한 나의 생각, 내가 아직 끌어내지 못한 나의 잠재력을 쓸 수 있습니다. 우리가 '왕자'가 되어 무의식의 동굴 안에 갇힌 '공주'를 구해낼 수만 있다면요. 생각해보니 내 스스로 선택할 수 있는 것들이 참 많죠? 그렇다면 뭔가 희망적이지 않나요? 우리가 뭔가 선택할 수 있는 게 생겼고, 우리가 떠나야 할 길이 조금 분명해진 것 같습니다.

여행, 새로운 나를 만나는 시간

저는 여행을 좋아해요. 국내는 물론 세계 여러 나라를 떠돌아 다녔어요. 벌써 십여 년 정도 떠돌아다닌 것 같아요. 여행을 떠날 때마다 떠나기 전날은 엄청나게 떨립니다. 그냥 떠나지 말까, 집이 제일 좋은데…… 이런 생각에 속수무책 빠져들어요. 특히 외국으로 여행을 떠날 때 그래요. 무섭기도 하고, 내가 잘할 수 있을까 걱정도 되고. 저는 비행공포증도 있고, 길치에다가, 방향치까지 있어요. 못하는 게 참 많아요. 영어도 잘 못하고요. 그럼에도 불구하고 저는 가이드 없는 여행, 패키지가 아닌 완전한 자유여행, 혼자나 둘이 단출하게 떠나는 여행을 좋아해요. 가이드도 없는데 무슨 배짱인지 구체적이고 꼼꼼하게 여행 계획을 짜지도 않아요.

예전에 두 달 정도 영국에 머물렀던 적이 있어요. '영국 일주를 해보고 싶다'는 막연한 생각만 있을 뿐, 구체적인 계획이 거의 없었어요. 일단 런던행 비행기 표를 사고 런던에서 일주일 동안 머무를 숙소를 예약한 정도였어요. 그게 여행 준비 끝이었지요. 런던에 도착한 후 그곳에서 다음 이동할 장소를 정하고 그때마다 그야말로 마음 가는 대로 기차와 숙소를 예약했습니다. 계속 그런 방식이었죠. 그래서 여행 중에 돌발 상황이 많이 발생했어요. 곤란한 상황을 많이 겪었고, 길도 잘 잃어버렸고요. 그런데 나는 왜 이리 끊임없이 헤매는 여행이 좋을까, 생각해봤어요. 결론은 '내가 평소에 사용하지 않은 나'를 사용하게 된다는 게 정말 스릴 있더라고요.

평소의 나라면 하지 않았을 바보 같은 일들을, 때로는 의외의 엉뚱한 행동들을, 여행지에서는 자연스럽게 하게 돼요. 예컨대 아무 계획 없이 뉘른베르크에 갔다가 느닷없이 '하루 종일 맨발로 걸어보고 싶다'는 생각을 했고, 그 자리에서 신발을 벗고 정말 맨발로 걸었어요. 평소라면 절대 하지 않을 행동이었지만, 그날은 왠지 그러고 싶었어요. 저는 그 누구도 의식하지 않았고, 그 자유로움이 지금까지 제가 한 번도 경험해볼 수 없었던 희열임을 알 수 있었죠. 그동안 발이 신발에 갇혀 있느라 얼마나 고생했을지

정여울

생각도 해보고, 맨발로 걷는 세상이 얼마나 달라 보이는지를 느낀 순간이었어요.

뉘른베르크도, 맨발도, 그날 떠오른 모든 생각들도, 다 우연이었지만 제 무의식 어딘가에 꿈틀거리고 있던 그림자가 저에게 충동질을 하지 않았을까 싶어요. 내가 아직 꺼내보지 않은 생각, 내가 아직 가보지 못한 장소, 내가 상상도 하지 못했던 사람들 속으로 들어가보라고, 부추긴 게 아닐까요. 눈이 엄청나게 덮여 있는 한겨울의 설산에, 한 번도 내 마음의 발자국이 찍히지 않은 그런 곳에 내 마음의 발자국을 찍는 기분이 들었어요. 그런 '또 다른 나'를 만나는 느낌이 너무 좋아서 매번 여행을 떠나는 것 같아요.

우연 속에서 발견하는 나

이번에는 돈키호테의 풍차마을에서 찍은 사진을 보여드릴게요. 저는 작가 기행을 좋아해요. 스페인 작가 세르반테스가 쓴 《돈키호테》의 흔적을 찾아 풍차마을 콘수에그라Consuegra에 갔는데, 때마침 그곳에서 스페인 중세 시대의 삶을 재현한 축제가 열리고 있었어요. 중세 시대 의상으로 차려입은 어른들이 연극을 하고, 중세풍의 시장이 열리고, 아이들은 칼싸움을 하고 있더

돈키호테의 고향 콘수에그라에서 뛰어노는 아이들. (ⓒ이승원)

축제 기간 동안 어린아이들이
즐겁게 노는 평범한 모습이 왜 그렇게
강렬한 인상으로 남았던 것일까?

라고요. 그런데 어린아이들이 칼싸움을 하는 모습이 제게 너무나 강렬하게 다가왔어요. 아이들이 칼싸움 하는 장면은 예전에도 많이 봤던 장면인데, 왜 그날따라 그 장면이 가슴 아프게 다가왔는지 생각해봤어요. 그리고 한참 후에야, 여행이 끝난 후에야, 그 이유를 알겠더라고요.

저는 어렸을 때 친구들과 재미있게 놀았던 기억이 별로 없어요. 가끔 친구들과 뛰어논 적은 있어도 뭔가에 상처받고 집에 와서 울었던 기억들이 더 강하게 남아 있어요. 동화책을 읽으며 혼자 지냈던 기억이 더 많이 나는 거예요. 남들에게는 별문제 없는 아이처럼 비쳐졌겠지만, 내 마음속 나의 모습은 골방에 틀어박혀 웅크리고 있는 이미지였던 거예요. 그래서인지 온 세상이 자기 놀이터인양 뛰어노는 아이들을 보면 지금도 부러워요. 그 아이들을 통해 내가 가질 수 없었던 어린 시절을 떠올려요. 아, 이게 내 그림자였구나, 하는 걸 이제야 알게 된 것 같아요.

그림자란 바로 이런 것이 아닐까요. 나도 모르게 어느 예기치 못한 순간에 노출되는 것. 나도 모르는 나의 그림자가 내 뒤통수를 칠 때가 있어요. 이런 순간을 만나는 게 이제는 좋아졌어요. 세렌티피티serendipity라고 하죠. 나도 몰랐던 뜻밖의 우연. 그 우연들 속에서 발견하는 나. 그 모습 속에서 나 자신을 더 많이 생각하게 돼요.

여행 중에 만나는 장면들 중에는 내가 누군지, 내가 어떤 사람이 되고 싶어 하는지를 깨닫게 하는 장면이 있어요. 다음 사진은 비엔나를 여행하다 찍은 거예요. 비엔나 스테판성당 근처 거리였어요. 상점들과 식당들로 즐비한 거리를 걷다보니 첼로 연주 소리가 들렸어요. 그 첼로 연주가 너무 좋아서, 원래 일정을 포기하고 거의 한 시간 동안 죽치고 앉아서 들었던 것 같아요. 거리 연주를 들으면 보통은 1유로짜리 동전을 내잖아요. 저는 그분의 연주에 감동한 나머지 지폐를 넣었던 기억이 나요. 어떤 할머니는 정말 감동을 받으셨는지 연주가 끝나자마자 연주자에게 달려가 바로 안기시더라고요. 그 정도로 감동적인 연주였어요.

비엔나의 첼로 연주자를 보며 그런 생각을 했어요. 이 사람은 지금 이 순간 음악밖에 생각하지 않는구나. 굉장히 상업적인 버스커들도 있잖아요. 돈을 요구하기도 하고, 돈 소리가 들리면 땡큐, 라고 말하기도 하고. 그런데 이 사람은 돈이 떨어지는지, 사람이 지나가는지, 아무것도 몰라요. 두 눈을 감은 채 악기와 몸과 영혼이 혼연일체가 된 그런 모습이었어요. 그 모습을 보면서 저는 아, 저거구나. 내가 저렇게 살고 싶었구나. 순간적으로 깨달았던 것 같아요.

남들이 내 글에 대해서, 내 삶에 대해서, 또는 내 강의에 대해서, 뭐라고 말하면 그때마다 상처를 받거든요. 저는 지나치게

음악에 흠뻑 빠져 있는 비엔나 거리의 첼로 연주자. (ⓒ이승원)

여행 중에는 내가 누군지,
내가 어떤 사람이 되고 싶어 하는지
깨닫게 하는 장면들을 만나기도 해요.

상처에 민감한 성격이에요. 이런 제가 참 싫은데, 그렇게 지나치게 예민한 것, 그게 바로 제 그림자인거죠. 그런데 그 연주를 들으면서 깨달았어요. 나도 저런 삶을 살고 싶었구나. 그리고 결심했어요. 더 이상 나 자신을 괴롭히지 말자. 그저 음악에 빠진 연주자처럼, 글만 생각하자. 나한테 소중한 것들만 생각하자. 예술이 내 안의 어두운 그림자에게 너무도 따뜻한 말을 건네는 순간이었던 거죠.

내 분신들을 보살피는 삶

이런 포스터도 재밌었습니다. 이 사직을 찍은 곳은 동베를린 지역인데요. 이 지역은 아직 예전 모습이 그대로 남아 있어요. 베를린 중심에 비하면 낙후되었다고 할 수 있는 지역이지만 역사적인 흔적들과 젊은이들의 자유로운 삶이 굉장히 잘 드러나 있는 곳이에요. 이 지역 거리에서 볼 수 있는 풍경 중 하나가 여러 겹으로 덧붙여진 포스터들입니다. 가로등마다, 벽마다 포스터들이 겹쳐져서 붙어 있더라고요. 포스터 위에 다시 포스터를 계속해서 붙인 거죠. 그게 재미있었어요. 우리 자신의 모습도 이 포스터와 같지 않을까요?

정여울

지금 여러분에게는 마이크임팩트에서 강연하는 정여울의 모습만 보이잖아요. 그런데 제 안에는 무수한 세월 동안 겹겹이 쌓인 내가 있거든요. 믿으실지 모르겠지만 저는 글쓰기보다 강연이 무서웠어요. 그냥 무서운 정도가 아니라 강연을 싫어했어요. 남들 앞에서 말하는 게 두려웠던 거죠. 그래서 글 속으로 숨어들었는지도 몰라요. 여러분이 보고 있는 저는 십 년 전 강연을 처음 시작할 때 벌벌 떨었던 나, 여행지에서 막 길을 잃었던 나, 대입시험을 보고 초조하게 결과를 기다리던 나, 첫사랑을 하며 들떴던 나, 이런 내가 겹겹이 쌓여 있는 거잖아요. 그런데 우리는 눈앞에 한 명밖에 못 보죠. 따라서 다른 사람을 볼 때도 우리는 겹겹이 붙어 있는 포스터를 보는 것처럼 봐야 하는 게 아닌가. 저 사람의 저 모습 뒤에 감춰져 있는 많은 상처들, 많은 기억들, 이런 것들을 투시할 수 있는 마음의 눈이 필요한 것이 아닐까, 하는 생각을 하게 되더라고요.

공간도 리모델링을 많이 하잖아요. 그런데 공간을 리모델링할 때 과거의 흔적을 부수는 경우가 많아요. 과거의 흔적을 밀어버리고, 현재만 말끔하게 만들죠. 하지만 수백 년, 수천 년, 그 모습을 간직하고 있는 도시들의 경우에는 옛 모습 위에 살짝 보수만 하더라고요. 그것이 우리의 삶을 더 건강하게 유지하는 방법이 아닐까 싶어요. 한국 사람들이 이렇게 노스탤지어에 약한 것

베를린 곳곳에 붙어 있는 포스터들. (ⓒ이승원)

우리 자신의 모습도 겹겹이 붙여진
거리의 포스터와 같지 않을까요?

도, 드라마 '응답하라' 시리즈가 폭발적인 인기를 끄는 것도, 과거의 기억과 흔적들이 사실 몇 백 년이 된 것도 아닌데 금방금방 사라져버리기 때문인 것 같아요. 하지만 인간의 마음은 그렇게 빠른 속도로 변화할 수 없거든요. 마음의 속도는 문명의 속도를 따라가지 못하죠. 그래서 노스탤지어가 발생합니다. 우리의 마음은 아직 과거의 추억 속에 남아 있는데, 너무 빨리 변해만 가는 세상은 '과거를 잊으라'고 충동질하니까, 억지로 잃어버린 과거에 대한 연민이 발생하는 거죠. 이렇듯 노스탤지어에는 과거를 추억의 대상으로 만듦으로써 현재의 고통으로부터 벗어나고 싶은 심리가 숨어 있습니다. 우리가 살았던 흔적을 조금이라도 더 지키고, 가꾸고, 보살피는 삶을 살아야 하는 게 아닐까. 베를린 거리의 포스터를 보며 그런 생각을 해봤어요. 내 기억, 내 그림자, 내 분신들을 잘 보살피는 그런 삶이 '진정한 나'에 더 가까워지는 길입니다.

무의식에 숨은 '나다움'

무의식은 너무 강렬하거나 고통스러워서 의식이 감당하지 못하는 생각이나 기억의 저장소로 기능한다.

—프로이트

무의식이 어렵게만 느껴지는 사람들에게, 프로이트는 이렇게 명료한 대답을 내놓았어요. 무의식은 너무 강렬하거나 고통스럽기 때문에 의식이 감당하지 못하는 생각이나 기억의 저장소로 기능한다고 봤던 거예요. 무의식에 숨은 나다움을 발굴하고, 표현할수 있는 힘, 그것이 우리의 지성이고, 인문학이 되어야 하지 않나 싶어요. 그런데 이런 학설을 이용하면 의외로 많은 걸 해낼 수 있어요. 우리 자신이 이미 그림자와 싸울 능력을 가지고 있다는 걸 알게 되니까요. 우리 안에 많은 것들이 이미 저장되어 있어요. 우리가 기억하지 못하거나 억압되어 있어서 그 능력을 쓸 기회를 찾지 못한 것뿐이죠. 그렇다면 심리학의 과제, 인문학의 과제는 내가쓰지 못한 무의식의 힘을 끌어내는 의식의 힘을 길러내는 거겠죠.

"청년기는 인간의 영혼에서 가장 나쁜 충동과 가장 좋은 충동이 자리를 잡기 위해 서로 싸우는 시기"(스탠리 홀)라고 하지요. 저는 이 말이 청년기에만 해당되는 게 아닌 것 같아요. 우리의 생전체가 그런 것 같아요. 평생 나쁜 충동과 좋은 충동이 서로 자리를 잡기 위해서 싸우는, 마치 용과 왕자가 싸움을 하는 것 같은 그런 모습인 거죠. 내 안에 꿈틀거리는 용을 무너트려야 되는 거예요. 그럼 가장 중요한 건 뭘까요? 그림자의 모습을 대면하는 혜안, 그리고 그 용과 싸우는 용기겠죠. 그래서 많은 철학자들이 용기의 중요성을 말하는 것 같아요. 지식만으로는 해결할 수 없는 마음의 힘. 그것이 바로 용기입니다.

나다움을 찾는 길

사랑

사랑 때문에 저지른 어리석은 짓을 하나도 기억할 수 없다며,
당신은 사랑에 빠진 적이 없는 것이다.

— 셰익스피어, 《리어왕》 중에서

나다움을 찾는 길. 그중의 첫 번째는 사랑이겠죠. 사랑을 하
면 우리가 누구인지를 알게 되거든요. 사랑하기 전에는 절대로 나
오지 않았던, 내 안에 꽁꽁 숨어 있던 또 다른 내가 이 세상 밖으
로 나오게 돼요. "사랑 때문에 저지른 어리석은 짓을 하나도 기억
할 수 없다면 당신은 진정 사랑에 빠진 적이 없는 것이다." 정말
그렇죠? 여러분이 사랑 때문에 어리석은 짓, 미친 짓, 광기어린 짓
을 해본 적이 없다면 아직 충분히 사랑하지 않은 거래요. 너무 많
이 해도 문제겠지만.(웃음)

사랑은 내 안의 낯선 에너지를 끌어내는 힘을 가지고 있습니
다. 사랑을 하면서 내 안의 또 다른 나와 대면했을 때 당황하지 말

고 그 나다움을 받아들이고, 더 멋지게 사랑해야 하는데 가끔은 또 다른 내 모습을 감당하지 못해 도망칠 수도 있거든요. 내가 왜 이러지? 아, 이 사람하고는 안 되겠다, 하고 도망치는 거죠. 그 사람 때문에 내 숨겨진 본모습이 튀어나오는 건데요. 그랬을 때 자신을 받아들이고, 더 좋은 모습을 만들기 위해 노력해야 하는 거죠.

우정

친구란 당신에 대하여 모든 것을 알고 있으면서 그럼에도 불구하고 당신을 좋아하는 사람이다.

-E. 하버드

진정 나 자신이 되는 두 번째 길은 바로 우정인 것 같아요. 친구란 나에 대해 모든 것을 알고 있음에도 불구하고 나를 좋아하는 사람이라니. 정말 이런 친구를 찾는 것은 어렵지요? 나의 그림자까지 다 알고 있으면서, 나를 사랑해줄 사람이 과연 이 세상에 있을까요. 하지만 우리가 진정으로 그런 친구를 찾길 원한다면, 우리 자신이 먼저 누군가에게 그런 친구가 되어야 해요. 그렇게 노력하다보면 반드시 좋은 친구가 생길 거예요.

저는 사람들이 사랑을 찾는 데 쓰는 에너지의 10분의 1만이라도 우정에 기울인다면 세상이 훨씬 더 아름다워질 거라고 믿

정여울

어요. 다들 사랑을 찾기 위해서는 열심히 노력하는데, 우정을 찾기 위해서는 충분히 노력하지 않거든요. 사랑은 항상 곁에 있는 게 아니잖아요. 하지만 우정은 항상 내 곁에 있어요. 저는 우정이야말로 어떤 순간에도 삶을 견고하게 만들고 힘겨운 삶을 견뎌낼 수 있게 하는 힘이 되어주는 것 같아요.

배움

약삭빠른 사람은 학문을 경멸하고, 단순한 사람은 학문을 숭배하고, 현명한 사람은 학문을 이용한다.

—프랜시스 베이컨

나다움을 찾는 세 번째 길은 바로 배움이 아닐까 싶습니다. 이런 말이 있어요. 약삭빠른 사람은 학문을 경멸하고, 단순한 사람은 학문을 숭배하고, 현명한 사람은 이용한다. 여러분은 어떤 쪽이세요? 이용한다는 말의 뉘앙스가 가벼워서 그렇지만 모든 방면에서 학문을 이용할 수 있다면 그 사람은 행운아죠. 학문을 자기성찰에 이용할 수도 있고, 학문을 직업으로 삼을 수도 있고, 학문을 통해 더 많은 사람을 만날 수도 있고, 정말 좋은 것 같아요. 제가 공부를 하면 할수록 이렇게 더 많은 분들을 만날 수 있잖아요. 그것이 바로 배움의 아름다움인 것 같습니다.

글쓰기

글쓰기는 누구에게도 할 수 없는 말을 아무에게도 하지 않으면서 동시에 모두에게 하는 행위다. 혹은 지금은 아무에게도 할 수 없는 이야기를, 훗날 독자가 될 수도 있는 누군가에게 하는 행위이다.

—리베카 솔닛, 《멀고도 가까운》(반비, 2016) 중에서

나다움을 찾는 길. 그 마지막 비결은, 저에게는 글쓰기인 것 같습니다. 이것은 작가로서의 글쓰기를 말하는 것은 아닙니다. 글쓰기는 자기 자신을 알기 위해서 꼭 필요한 멋진 방법인 것 같아요. 책을 읽거나 여행을 하거나 자신이 살아온 경험을 글로 쓸 수 있는 사람은 그리 많지 않아요. 글쓰기는 적극적인 행위라서 마음을 단단히 먹어야 하거든요.

저는 글쓰기를 통해서 제가 누구인지를 매일매일 깨닫습니다. 매일매일 한계에 부딪히고, 자책도 하게 돼요. 글을 쓰면서, 내 안의 이런 열망이 있었나, 이런 좋은 점도 있었나, 이런 부끄러운 면도 있었나, 매번 깨닫게 되거든요. 글쓰기야말로 자기 자신을 찾는 최고의 길이 아닐까 싶어요. 작가가 아닌 사람에게도 글쓰기는 분명 도움이 됩니다. 글쓰기는 내가 어떤 사람인지, 내 안에 어떤 그림자가 숨어 있는지, 내 무의식의 수많은 측면 중에서 내

가 의식으로 끌어내야만 하는 나의 힘이 무엇인지, 스스로 깨닫게 합니다. 저는 글을 쓰다가 '상처'를 깨닫고, 그 상처를 글 속에서 극복할 때가 있어요. 예컨대 이런 구절을 쓰면서 스스로 치유되는 느낌을 가졌어요.

나는 오랫동안 '마음에 상처를 받지 않는 방법'을 연구해왔다. 누군가 의도적으로 상처를 주지 않을 때조차도, 걸핏하면 타인의 사소한 몸짓이나 표정에서 상처를 받는 성격을 고치고 싶어서였다. 십 년 넘게 온갖 심리학책을 뒤지고, 온갖 철학책을 뒤지며 '상처받지 않는 방법'을 궁리해보았지만, 결국 실패했다. 하지만 값진 실패였다. 나는 비로소 '상처받지 않고 사는 방법'보다는 '상처받을지라도 생의 모든 자극을 피하지 않는 방법'을 깨닫기 시작했기 때문이다. 상처를 피한다는 것은 사랑으로부터 도망치는 것이고, 타인의 관심으로부터 도망치는 것이고, 결국 인생 자체로부터 도망치는 것이다. 상처받지 않기 위해 몸부림치다보면 사람, 인생, 세상이 모두 내 곁에서 멀어지게 되어 있다. 상처 따위에 기죽어서는 안 된다. 나는 내 상처보다 훨씬 깊고, 크고, 너른 사람이다.

—정여울, 《마음의 눈에만 보이는 것들》(홍익출판사, 2016) 중에서

이 글을 쓰고 나서 마음이 정말 후련하더라고요. 제 연구 과제의 실패가 저한테 도움이 되었던 거죠. 상처받지 않는 법은 못 찾았지만, 그 상처를 통해 무엇을 배울 수 있는지 알 수 있게 된 듯합니다. 여러분들을 가장 힘들 게 하는 게 뭔가요? 그걸 한번 글로 써보세요. 그리고 그 힘든 경험이 자신에게 어떤 의미를 가지는지, 가졌으면 좋겠는지도 써보세요. 지금 쉬는 시간에 써보셔도 좋고요. 그러면 그게 앞으로 여러분 삶의 중요한 과제가 될 것입니다.

내가 원하는 것으로부터 나를 지키기

마지막으로 제가 베를린에서 발견한 엽서를 보여드리고 싶습니다. '내가 원하는 것으로부터 나를 지켜주소서.' 저는 이 문장이 좋더라고요. 그래서 이 엽서 앞에서 한참을 우두커니 서 있었어요. 내가 원하는 것이 나를 가장 상처 입히는 것이었구나. 내가 원하는 것들이 아니면 사실 그 상처들은 부수적인 상처예요. 내가 진짜로 원하는 길과 상관이 없는 상처는 어떻게든 견딜 수가 있어요. 그런데 내가 진짜 원하는 길과 조금이라도 상관이 있는 것, 내가 사랑하는 그 사람과 상관이 있는 그 상처는 극복이 잘

베를린 현대미술관에서 발견한 엽서. (ⓒ이승원)

내가 원하는 것으로부터
나를 지켜주소서.

안 돼요. 그래서 정말 중요한 것은 내가 원하는 것으로부터 나를 지켜내는 것이라는 이 말의 울림이 어느 순간 절실하게 다가오더라고요. 내가 진정으로 원하는 것이 나를 공격하고 있구나. 그걸 깨닫게 된 거죠.

그렇다고 아무것도 원하지 말라는 뜻은 아니에요. 원하되 나의 갈망이 나에게 어떤 영향을 끼치는지, 그 갈망으로 인해 내가 어떻게 변화하는지를 똑똑히 보라는 거죠. '내가 원하는 것들로부터 나를 지켜주소서!' 이 문장을 우리 마음에 새기면서, 오늘 나다움을 향해 가는 길, 진정 나 자신이 되는 길을 향해 떠나고자 했던 강의를 마치도록 하겠습니다. 감사합니다.

Q

작가님이 우정을 중요하게 생각하시는 이유를 좀더 구체적
으로 이야기해주시겠어요?

A

우정은 타인과 맺을 수 있는 가장 수평적인 관계입니다. 사랑
에는 어쩔 수 없이 격차가 발생하거든요. 더 사랑하는 사람과 덜
사랑하는 사람으로 인해 불평등이 발생해요. 그래서 내가 상대방
을 사랑할 때 더 아프고 억울한 마음이 듭니다. 그런데 우정은 그
런 부분에서 조금 자유로운 것 같아요. 그리고 사람들은 사랑하
는 상대에게서 바라는 만큼 친구에게 많은 것을 바라지 않아요.
그저 친구가 내 전화를 받아주면 좋겠다. 내가 힘들 때, 내 말을
들어주고 술 한잔 같이 해줬으면 좋겠다고 생각하잖아요. 조금
덜 원하면서 지속할 수 있는 관계가 저는 우정이라고 생각해요.
그래서 그런지 많은 철학자들이 사랑에 대한 글만큼이나 우정에

대한 글을 많이 남겼어요. 그만큼 우정은 타인을 알아가고, 타인과 소통하는 가장 멋진 방법이라고 생각합니다. 우정에 대해서만도 한참 이야기할 수 있겠죠. 우정이 우리가 생각하는 것보다 훨씬 중요한 거라는 걸 여러분들이 기억해주셨으면 좋겠습니다.

Q 상처받는 걸 피할 수 없다면, 그 상처를 담담하게 극복할 수 있는 방법에는 어떤 것들이 있을까요?

A 예방주사도 조금 필요하죠. 조직이나 새로운 모임에 갈 때는 오늘은 상처받는 날이구나, 하고 준비하고 가면 조금 나아요. 그리고 거절할 때도 있잖아요. 그게 힘든데, 이 부탁만 거절하는 거지 그 사람을 거절하는 게 아니라는 것을 인지해야 해요. '나중

에 다른 부탁이 있으면 저한테 연락해도 좋아요. 그런데 지금은 제가 이걸 못하겠어요.' 이걸 분명히 밝혀야 해요. 그런데 한국 사회에서는 대부분이, 그중에서도 특히 여성들이 거절을 잘 못해요. 거절을 하면 나쁜 사람이 될까봐요.

그런데 거절만 잘해도 인간관계에서 서로 상처를 덜 받아요. 내가 그 사안을 거절하는 것이지, 존재를 거절하는 게 아니라는 걸 저쪽에서도 이해해요. 정상적인 상태라면요. 그러니까 우리가 어떤 사람의 요구를 수락하는 건 쉬운데, 거절하는 건 어렵거든요. 거절할 때, 서로의 윤리와 에티켓을 지켜준다면 훨씬 덜 상처받을 수 있죠.

그리고 모든 상처에는 그림자가 있어요. 그 상처의 그림자가 무엇인지 알 수 있으면 덜 상처받을 수 있습니다. 나에게 상처를 준 사람들도 자기가 상처가 있기 때문에 나에게 그걸 전가하는 거거든요. 대부분의 경우가 그래요. 그래서 자기가 상처받지 않기 위해 남을 먼저 공격하는 겁니다. '이 사람은 자신의 콤플렉스 때문에 날 공격하는구나', 하고 생각하면 상처를 덜 받을 수 있어요. 그러니까 우리는 늘 생각해야 해요. 상처를 안 받는 게 아니라, 잘 받는 방법에 대해서요.

Q

강의 인상 깊게 잘 들었습니다. 선생님께서 독서가 중요하다고 하셨잖아요. 그래서 다른 사람이 꼭 읽었으면 하는 책이나 인상 깊었던 책을 추천해주시면 감사하겠습니다.

A

책 추천은 많이 하는 편인데, 어떤 사람에게 추천하는가에 따라 그때그때 많이 달라져요. 오늘 오신 분들은 인문학에 관심이 있고, 제가 강의했던 주제에도 관심이 있으실 거라는 전제하에 추천을 하자면, 융의 생각을 담은 융의 자서전 《기억, 꿈, 사상》이라는 책이 좋고, 조금 더 강한 문체와, 죽비로 때리는 듯한 자극을 원하시는 분은 니체의 《선악의 저편》도 좋으실 것 같아요. 만약 소설이 좋다면, 제가 개인적으로 굉장히 재미있게 읽은 성장소설 중 하나인 권여선 작가의 《푸르른 틈새》라는 책을 추천합니다. 대학 생활을 처음 시작할 무렵인 스무 살 초반의 상처를 담은 책인데 저는 굉장히 좋게 읽었어요.

신념 과잉,
소통 부재의 시대

안녕하세요. 정관용입니다. 저를 텔레비전 토론 프로그램의 진행자로 많이 기억하지요? 제가 지금부터 말씀드리는, 또 여러분께 먼저 물어보고자 하는 토론이라는 것은 여러분이 방송에서 보았던 토론이 아닙니다. 꼭 기억하세요. 방송에서 본 방송 토론이 아니라 여러분들이 일상적으로 하게 되는 토론에 대해서입니다.

토론이란 무엇인가

먼저, 토론은 무엇인가. 토론討論이라는 단어를 한자로 쪼개 봅시다. 파자破字한다고도 하죠? 말씀 언言 변에 마디 촌寸, 말씀 언言 변에 바퀴 륜侖. 글자 그대로 '할 말을 토막토막 마디를 쳐서, 혼자 하는 게 아니라 바퀴 굴러가듯이 주거니 받거니 한다'. 이게 토론이란 단어의 말뜻, 언의言意입니다.

그렇다면 토론의 정의를 내려볼까요?

—서로 이야기를 나누면서 소통하는 것이에요.
—하나의 주제를 가지고 서로 이야기를 나누며 소통하는 것 아닐까요?

네 맞습니다. 이렇게 말씀하실 줄 알고 제가 적어놨습니다. 토론의 정의는 방금 말씀하신 것처럼 논제가 있어야 합니다. 주제가 없는 이야기는 방담放談입니다. 하나의 주제가 있어야 하고, 그 주제에 대해 생각이 다른 두 사람이 이야기를 나누고 소통하면서 가능하면 공통의 합의 기반을 넓혀가기 위해서 하는 것이 토론입니다. 요약하자면, '하나의 논지에 대해서 서로 다른 생각을 가진 사람들이 상대를 설득하면서 공통의 합의 기반을 넓혀가는 과정'

하나의 주제에 대해 서로 다른 생각을 가진 사람들이
상대를 설득하면서 공통의 합의 기반을
넓혀가는 과정이 토론입니다.

이 되겠죠. 그리고 방금 이 정의는 제가 내린 게 아니라 여기 앉아 있는 모든 분들이 함께 완성했어요. 그 말은 무슨 뜻이죠? 여기 앉아 있는 분들이 모두 이 정의를 알고 있다는 겁니다.

다 알고 있으시죠? 지금 내린 토론의 정의에 동의하십니까? 나는 조금 생각이 다른데, 하시는 분 있으면 손들어보세요. 없군요. 그러면 지금 내린 토론의 정의에 다들 동의한 겁니다.

자, 그러면 하나의 논제에 대해 서로 다른 논지를 가진 사람들이 상대를 설득하며 공통의 합의 기반을 넓혀가는 과정인 토론, 이 토론을 지금 이 자리에 앉으신 여러분이 합니다. 여러분이 바로 토론의 주체예요. 여러분의 마음가짐을 묻고 싶습니다. 방금 내린 그 정의의 토론에 여러분이 참여한다고 할 때, 여러분들의 마음가짐을 물어보는 거니까 옆 사람 눈치 볼 필요는 없어요. 보기는 두 개를 드릴게요. 0.1퍼센트라도 마음이 기우는 쪽에 손을 들면 됩니다. 그런데 기권은 안 됩니다. 자기의 마음가짐이니까 기권할 필요도 없겠죠?

자, 토론을 할 때 내 마음가짐은 상대방 생각을 바꿔놓겠다는 것이다. 혹은, 내 생각을 바꿔보겠다는 것이다. 어느 쪽에 더 가까운가요? 손들어 보세요. 자, 절대 다수가 첫 번째에 손을 드네요. 조금 내용을 바꿔볼게요. 상대방 생각의 잘못된 부분을 바꿔놓겠다. 혹은, 내 생각의 잘못된 부분을 바꿔보겠다. 자, 기권은 안 됩니다. 다시 손들어 보세요. 네, 질문이 바뀌니까 아주 일부가 두 번째로 전향을 했어요.

자, 그럼 한번 생각해봅시다. A랑 B가 토론을 하는데, 속마음이 상대방 생각을 바꿔놓겠다, 라는 것이라면 그것의 논리적인 전제는 뭐죠? 나는 맞고 너는 틀렸다, 라는 것이겠죠. 그리고 너는 틀렸으니 네 생각을 바꿔놓겠다고 생각하겠죠. 사실 B가 하는 말 중에는 여러 가지 말이 있어요. 내가 이미 아는 말도 있고, 처음 듣는 말도 있고, 틀렸다고 생각하는 말도 있고, 꽤 괜찮은 말도 있을 겁니다. 그런데 이런 마음가짐이라면, A는 B가 하는 이야기 중 어떤 이야기에 귀를 쫑긋 세우게 될까요? 틀렸다고 생각하는 이야기에 귀를 세우고 주로 너 틀렸어, 하고 말할 겁니다. B도 마찬가지고요. A가 하는 말 중에 틀린 부분을 찾아내려고 하겠죠. 그리고 너 틀렸어, 라는 말을 주로 하려 할 겁니다. 그렇게 되면 과연 공통의 합의 기반이나 결론이 나올 수 있을까요? 가능한 이야기인가요? 고개를 절레절레 흔드네요.

그럼 생각해봅시다. 여러분은 아까 토론의 정의에 대해서 '하나의 논제에 대해 서로 다른 논지를 가진 사람들이 서로 설득하며 공통의 합의 기반을 넓혀가는 과정'이라는 것에 동의하셨죠. 그런데 여러분은 그 정의에 도저히 다가갈 수 없는 마음가짐에 손을 드셨어요. 상호모순이죠. 왜 그랬어요? 이야기해보세요.

지금 여러분들 가운데 상당수는 제가 방금 왜 그랬는지 물었던 것에 대해서 이렇게 생각할 거예요. '아니 사람이 어떻게 교과서대로 살겠어. 토론의 정의는 그런 거지만, 살면서는 그렇지 않지.' 그렇게 생각했죠? 그렇죠? 그런데 그것도 아니에요.

생활 속의 토론

일상 속 예를 들어볼까요? 점심을 먹으러 두 친구가 식당가를 향해 걸어갑니다. 둘이 나누는 대화를 제가 옮겨볼게요.

"점심 뭐 먹을까?" "음, 짜장면 어때?" "아, 나는 오늘 설렁탕이 당기는데." "아니야, 너 우리 회사 뒤에 중국성이라고 새로 생긴 중국집이 있는데, 가봤어?" "아니, 안 가봤는데?" "2주 전에 생겼는데, 난 벌써 네 번이나 가봤어. 짜장면이 진짜 맛있어. 내가 사줄게, 가자." "그렇게 맛있어? 그럼 나도 가봐야겠다. 그런데 말이야…… 내가 어제 동창을 만나서 술을 잔뜩 먹었더니, 속이 부글거려서 오늘은 도저히 짜장면은 못 먹겠어. 설렁탕에 깍두기 국물 넣어서 속을 좀 풀어야겠다. 날씨도 춥고. 설렁탕은 내가 살게." "그래, 그렇게 속이 안 좋으면 어쩔 수 없지."

제가 옮긴 대화가 어색한가요? 일상적이죠? 점심 메뉴를 정할 때 여러분들도 이렇게 하죠? 혹시 "짜장면 먹으러 가자." "아니, 난 설렁탕이 좋은데." 이럴 때, "어라, 어디에다 대고 설렁탕이야. 니놈의 생각을 바꿔놓고야 말겠어". 이런 분 있어요? 없죠? 저는 가끔 봤어요. 그런 사람. 정신병원에 가면 많이 있더라고요.(웃음)

방금 제가 옮긴 이 대화가 토론입니까, 아닙니까? 토론입니다. 논제가 있어요. 점심 메뉴 정하기. 입장 차이가 있어요. 짜장면과 설렁탕. 서로 이야기를 했고, 설득을 통해 합의에 이르러서 설렁탕집으로 가게 되었습니다. 이런 대화 또한 토론입니다.

예가 너무 시시한가요? 조금 큰 걸로 예를 들어볼까요? 한 가정에서 돈을 한 천만 원쯤 모았어요. 남편이 이야기합니다. "새 차를 사자." 아내가 이야기합니다. "아니야. 집에 도배와 인테리어를 새로 해야 해. 집 안이 온통 곰팡이투성이야. 옷장도 썩기 시작했어." 이럴 때, 부부는 뭘 합니까? 보통 싸워요. 그런데 두 사람이 싸우다가 어떤 단어가 등장하죠? 왜 그렇게 급한지 상대에게 묻게 되지 않을까요? "차 사는 게 왜 그렇게 급해?" 아내가 물으면 남편이 말하겠죠. "미처 당신한테 말을 못했는데, 지난주에 카센터에 들렀더니 우리 차가 너무 오래돼서 더 타려면 한 달 이내에 고쳐야 하는데, 고치는 비용이 칠백만 원이 든다고 하네." 남편에게서 차를 사야 하는 이유를 들은 아내는 생각이 왔다 갔다 하겠죠. 이렇게 토론을 하는 겁니다.

다른 예를 들어볼까요? 한 회사가 일 년 동안 열심히 일해서 오백억의 수익을 냈어요. 이때 고용주는 수익을 공장을 짓는데 투자하려고 하고, 노동자들은 월급을 올리고 회사에 복지시설을 늘려달라고 주장합니다. 그러면 어떻게 되죠? 노사 양측이 분규를 겪기도 하지만 대부분은 협상을 통해 협의를 하려고 합니다. 이런 것들이 여러분이 경험하는 일상적인 토론이에요.

이런 토론을 할 때 여러분은 상대방 말에서 어떤 대목에 귀를 기울이게 되나요? 짜장면과 설렁탕으로 돌아가서, 상대방 말에서 어떤 말에 귀를 기울였는지 생각해봅시다. 어, 내가 모르는 중국집이 생겼어? 그렇게 맛있어? 네 번이나 갔어? 이런 말에 귀를 기울였겠죠. 아, 너 어제 술 마셨구나, 속이 부글거려서 짜장면은 못 먹겠구나, 이런 말에 귀를 기울이고요. 그 귀 기울인 대목이 뭐죠? 논리적으로 설명하면, 나와 다른 생각을 가진 사람이 자신의 주장을 펴는 근거입니다. 그중에서도 내가 모르는 사실입니다. 이걸 듣기 위해서 하는 것이 토론입니다.

토론을 할 때, 상대편이 얼마나 틀린 말을 하는지 찾아야지, 하고 귀를 쫑긋쫑긋 세우면서 토론하는 사람은 사실 이 자리에 없어요. 여러분은 점심 메뉴 정하기, 차 바꾸기 같은 토론을 하루에도 몇 번씩 해요. 사무실에서 일할 때, 대학에서 친구랑 엠티 장소 정할 때, 수강 신청할 때, 둘이 서로 상의할 때. 이런 경우가 무지하게 많죠. 그때 저놈이 틀린 말을 언제 하나, 기다리면서 이야기하는 분 있어요? 제가 단언컨대, 한 분도 없을 겁니다.

방송 토론의 목적

여러분은 일반적인 토론의 정의를 너무나 잘 알고 있고, 토론에 임할 때, 상대방 생각을 바꾸어놓으려고 하지도 않아요. 여러분의 생각을 바꾸기 위해서 토론에 임해요. 내가 어떤 문제에 대해 미처 몰랐던 사실을 들으면서, 다른 사람의 이야기를 들으면서, 내 생각을 변화시키는 거예요. 어떻게 변화시켜요? 내가 흑이었다가 백이 되는 건 아니죠? 더 아름다운 흑색으로, 더 아름다운 백색으로, 혹은 흑과 백이 섞인 다양한 채도의 회색으로 나의 생각을 완성해나갑니다. 그걸 위해서 여러분은 수없이 많은 사람들과 대화하고 토론하면서 살고 있어요.

그런데 왜 아까 첫 번째에 손드셨어요? 첫 번째 손드신 분? 그건 저 때문입니다. 제가 강의를 시작하면서 지금부터 하는 토론 이야기는 방송 토론 이야기가 아닙니다, 라고 했죠. 그러나 여러분의 머릿속에는 방송 토론이 떠올라요. 왜? 제가 있기 때문에요. 그리고 여러분이 지켜본 방송 토론에서 패널들이 하나같이 나는 맞고 너는 틀리다, 그리고 상대방 틀린 거 언제 나오는지 기다리는 사람들처럼 그렇게 토론하잖아요. 맞죠? 그러니까 여러분은 제 질문을 받고 부지불식간에 방송 토론을 떠올리고 토론은 그렇게 하는 건가보다, 라는 생각에 첫 번째에 손을 든 거예요. 실제로 여러분은 그렇지 않다는 데 동의하죠?

진짜 토론이란 내 생각의 부족한 부분을 채우기 위한 과정이에요. 그래서 상대방은 적이 아니라 나의 선생님이 되는 거고요. 내가 상대방을 설득하기 위해서는 오히려 내가 설득당할 준비가 되어 있어야만 해요. 그래서 독일의 철학자 가다머Hans Georg Gadamer는 "토론이란 서로의 내부에 들어가보는 진정한 의미의 대화다"라는 말을 했습니다.

이게 진짜 토론인데, 방송에서의 토론은 왜 그런 모습일까요? 자, 방송 토론을 떠올려봅시다. 사회자가 있고 그 양쪽에 반대 의견을 가진 사람들이 둘러앉아서 마치 맞은편에 앉은 사람을 설득하려는 양, 그 사람을 쳐다보면서 토론을 하죠. 여러분이 보시는 텔레비전 화면도 일부러 양면 분할을 하고 있잖아요.

제가 방송에서 토론 진행을 얼마나 했을 것 같아요? 지금까지 2천 회가 넘게 토론을 진행했고, 지금도 가끔 하고 있습니다. 우리나라에서 다른 건 몰라도 횟수로는 제가 제일 많이 진행했어요. 수없이 많은 방송 토론을 진행하다보니, 이런 강연 자리에

제 프로그램에 패널로 나왔던 분이 앉아 있기도 해요. 그러면 그분한테 한번 물어봐요. "내가 진행하는 토론 프로그램에 나왔을 때, 맞은편에 앉은 사람을 설득할 마음이 있었나요?" 그러면 그 사람은 이렇게 대답합니다. "아니요. 무슨 소리를 하시는 거죠?"

방송 토론에서는 카메라를 통해서 각자가 다 자기 말을 해요. 상대방을 설득하는 자리가 아니에요. 왜 카메라를 향해서 말을 하죠? 그들이 방송에 나온 목적은 방송을 통해 토론을 지켜볼 단 한 명의 국민이라도 자기편으로 만들기 위해서예요. 정치적 쟁점이 뚜렷한 문제에서는 우군이 많아야 하니까요.

그런데 그분들이 방송 토론에 출연한 목적이 또 하나 있습니다. 패널들은 어떤 집단을 대표해서 나오는 겁니다. 그래서 자기가 소속된 집단에서 박수를 받고 싶어 해요. 내가 어제 토론 프로그램에 나왔는데, 다음 날 출근하면 야, 너 어제 토론 프로그램에서 아주 끝내줬어. 이런 칭찬을 받고 싶죠. 칭찬을 받아야 정치인들은 공천이 잘 되고, 노조위원장은 다음번에 당선도 되고 그런 것 아니겠습니까? 그래서 방송 토론은 대립된 사회문제에 대해서 각자 자기 입장으로 국민들을 설득해보시오, 라는 의도에서 만든 특수한 토론 무대인 것입니다. 이름이 토론 프로그램이지 일상적인 토론과는 전혀 다른 거예요. 따라서 방송 토론에서의 토론을 진정한 의미의 토론과 혼돈하지 마세요. 제가 꼭 드리고 싶은 말

정관용

방송 토론에 출연하는 사람들에게는
두 가지 목적이 있어요. 단 한 명의 국민이라도
내 편으로 만들겠다. 그리고 내 소속 집단으로부터
박수를 받겠다. 그렇다면 이 두 가지 목적은 과연
상응할까요, 상충할까요?

은 이거예요. 저로 인해서 그런 오해를 하게 되셨으니까 이 말씀을 꼭 드리고 싶어요.

앞서 말했듯 방송 토론에 출연하는 사람들에게는 두 가지 목적이 있어요. 단 한 명의 국민이라도 내 편으로 만들겠다, 그리고 내 소속 집단으로부터 박수를 받겠다. 그렇다면 이 두 가지 목적은 과연 상응할까요, 상충할까요? 이것은 논리적으로 봤을 때 완벽히 일치하는 목표여야 맞습니다. A정당에서 김개똥이 나와서 방송을 보는 한 사람이라도 내 편으로 끌어들이려고 해요. 그런데 이게 김개똥의 목적일까요? 아니면, 김개똥을 내보낸 정당의 목적일까요? A정당의 목적이죠? 그렇기 때문에, A정당 사람들은 김개똥이 한 사람이라도 자기네 편으로 끌어들이는 토론을 했을 때, 김개똥에게 박수를 보내겠죠? 그럼 이 두 목적은 일치하는 목적이에요. 그게 논리적이죠. 그런데 현실에서 이 두 가지 목적은 왕왕 상충됩니다. 이유가 무엇이냐. 우리나라의 정당, 언론, 사회단체, 이익집단 등 의사를 결정하는 집단들의 분위기가 엉망이기 때문입니다. 어떤 문제가 있기에 엉망이라는 격한 표현까지 썼느냐? 이제부터 차근차근 설명해드릴게요.

일반적으로 찬반으로 대립하는 쟁점에 대한 의견 분포는 정상분포곡선을 그립니다. 정상분포곡선은 가운데가 볼록하고, 양쪽 끝으로 갈수록 줄어드는 대칭형 곡선을 말하는데, 실제로 여론조사를 해보면 이런 사안에 대해서는 이런 곡선이 나타나요.

여기서 한 번 시험해볼까요? 어떤 걸 예로 들어볼까요? '사형제 폐지'에 찬성하는 분 손들어보세요. 가뭄에 콩 나듯 손을 들었네요. 사형제 폐지는 절대 안 된다 하시는 분 손들어보세요. 역시 가뭄에 콩 나듯 손을 들었네요. 손 안 든 분들은 누구죠? 그분들은 이 사안에 대해 잘 모르겠는 거예요. 의견이 꼭 있어야 합니까? 없으면 어때요? 그런 분들이 가운데 있는 거예요.

그러면 여러분들은 폐지에 찬성한다고 손든 분들이 이 곡선의 한쪽, 저 끝에 있다고 생각하죠? 아니에요. 방금 사형제 폐지에 찬성한다고 손든 분들 중에서 주말마다 '사형제 폐지 운동본부'에 나가서 무급 자원봉사로 일할 분 손들어보세요. 한 명도 없네요. 지금 여기에 손든 분들은 이 곡선의 중간쯤 있는 거예요. 저 오른쪽, 저 끝에 있는 분들이 누군지 아세요? 맨날 인터넷 기사에 밤새도록 댓글을 다는 분들 있죠? 어떤 특정 정치 사안에 마구 흥분하시는 분들. 그분들이 저 끝에 있는 겁니다.

그러면 이런 상황에서 방송 토론에는 어떤 사람이 출연할까요? 대부분 정상분포곡선의 양쪽 끝에 있는 사람들이 출연하게 됩니다. 그리고 이 사람들이 한 사람의 국민이라도 자기편으로 끌어들이려면 이 곡선에서 딱 중간에 있는 사람들을 공략해야 해요. 그 문제에 대해 아직 관심이 없거나 관심은 있어도 아직 어느

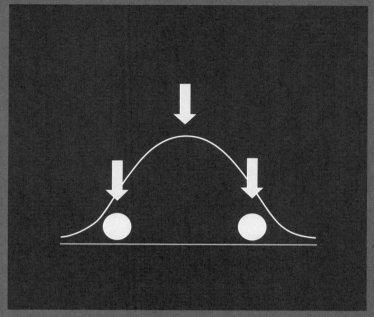

찬반이 대립되는 쟁점에 대한 일반적 의견 분포.

일반적으로 찬반으로 대립하는 쟁점에 대한 의견 분포는
정상분포곡선을 그립니다. 정상분포곡선은 가운데가
볼록하고, 양쪽 끝으로 갈수록 줄어드는
대칭형 곡선을 말하는데, 실제로 여론조사를 해보면
이런 사안에 대해서는 이런 곡선이 나타나요.

쪽이 옳은지 판단이 서지 않는 사람들을 향해서 조곤조곤 이야기를 해서 동의하게 만드는 토론을 해야겠죠.

그런데, 우리나라의 경우 방송에 나온 사람들 대부분이 가운데 집단이나 상대방 집단이 아닌, 자기 집단을 향한 이야기만 해요. A정당의 김개똥은 A정당 골수 당원들이 좋아할 말을 하러 나와요. 그런데 생각해보세요. 도대체 자기 정당 사람들을 왜 설득해요? 어차피 내 편인데, 안 그래요? A정당 골수 당원들이 제일 좋아하는 게 뭔 줄 아세요? B정당 욕하는 거예요. 사형제 폐지 찬반 토론을 하면, 찬성론자들 가운데 한 명이 나와서 무급 자원봉사자로 일하는 사람들이 좋아할 만한 이야기를 계속하는 거죠. 사형제 폐지 반대론자들을 신랄하게 공격하는 말을 하면서요. 그러면 자기와 의견이 같은 사람들이 큰 박수를 보냅니다. 이렇게 자기편 사람들이 좋아할 만한 말만 하다보니, 상대방을 공격하는 위주로 토론을 하게 되는 겁니다. 따라서 사용하는 어휘나 주장에 대한 논리 등 모든 게 격해집니다. 이래서 제가 우리나라 정당, 언론, 사회단체, 이익집단의 내부 문화가 엉망이라고 말한 겁니다.

적대적 공존관계에 빠진 사회

어느 사안이나 대립하는 측면이 있게 마련입니다. 하지만 대립이 있으면 건설적인 측면이 있어야 합니다. 이건 제가 만든 말이 아니에요. 세계적 기업인 인텔이 자사의 기업문화를 만들기 위해서 건설적 대립의 원칙이라는 걸 만들었어요. 기업 내에, 부서 내에 문제가 있으면 내부자 중 누군가는 문제 제기를 해야 합니다. 그런데 문제를 제기할 때는 단순한 불평보다는 적극적으로 문제를 해결하려는 의지를 가지고 이야기를 해야겠죠. 여기서 문제를 대하는 방식에 따라 사람들을 네 가지 유형으로 구분해볼 수 있어요.

첫 번째, 문제 해결 유형이 있어요. 적극적으로 문제를 제기하고 해결책을 함께 고민하는 사람이죠. 모두가 이런 유형을 지향해 가자, 이것이 바로 인텔이 제시하는 건설적 대립의 원칙입니다.

두 번째, 아무것도 안하고 문제를 회피하는 문제 회피 유형이 있어요. 세 번째, 문제가 있을 때 내게 어려움이 있더라도 상대편이 하자는 대로 따라가는 호의적/지지함의 유형이 있습니다.

네 번째, 문제를 어떻게 해결할지에 대한 고려 없이 일단 상대편을 공격하고 보는 공격적 유형이 있습니다. 공격적 유형끼리 부딪치면 그걸 적대적 공존관계라고 불러요.

정관용

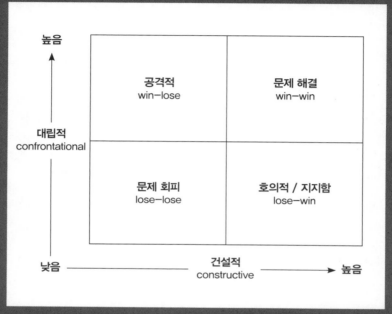

높음

대립적
confrontational

공격적 win-lose	문제 해결 win-win
문제 회피 lose-lose	호의적 / 지지함 lose-win

낮음   건설적
constructive   높음

문제를 대하는 방식에 따른 사람들의 네 가지 유형.

문제를 대하는 방식에 따라 사람들을
네 가지 유형으로 구분해볼 수 있는데,
그중에는 문제를 어떻게 해결할지에 대한 고려 없이
일단 상대편을 공격하고 보는 공격적 유형이 있습니다.
공격적 유형끼리 부딪치면 그걸 적대적 공존관계라고 불러요.
우리 사회는 지금 적대적 공존관계에 빠져 있어요.
그래서 대화와 타협보다는 상대방을 공격하는 데 몰두합니다.

우리 사회는 지금 적대적 공존관계에 빠져 있어요. 그래서 대화와 타협보다는 상대방을 공격하는 데 몰두합니다. 뉴스를 한번 보세요. 문제를 어떻게 해결할까 고민하기보다는 서로 이건 정부 탓이야, 국회 탓이야, 하면서 상대를 공격하는 이야기가 제일 많이 나오죠? 그게 바로 이런 상황을 이야기하는 겁니다. 정치라는 것은 무릇 한 사회에서 갈등을 조정하는 역할을 맡습니다. 그런데 우리는 갈등을 조장하는, 키우는, 정치를 보고 있습니다. 그리고 공정한 시각을 가지고 올바른 정보를 제공해야 할 언론은 언론 스스로가 한쪽 편에 서버렸어요. 언론은 원래 심판을 봐야 하는데, 심판의 역할을 상실한 것입니다. 이와 같은 적대적 공존관계, 진영 논리가 갈등을 증폭시키는 사회에 여러분이 살고 있는 겁니다.

30, 20, 40 인생

오늘의 한국 사회를 저는 이렇게 표현합니다. 20, 40, 10 인생에서 30, 20, 40 인생으로. 제가 만든 겁니다. 암호 같죠? 이게 이런 겁니다. 정확히 한 세대 전, 약 25년 전, 그러니까 대충 1989년쯤 우리나라의 대학 진학률이 이십 몇 퍼센트였습니다. 우리나라 사람 대부분이 고등학교를 졸업하면 일터로 나갔어요. 스무 살까지 공부하고, 기업에 정년 개념이 있건 없건 환갑 때까지는 계속 일한다는 것이 보편적인 삶의 패턴이었습니다. 그리고 1989년에 우리나라의 평균수명이 70세를 넘겼어요. 그래서 20년 공부하고 40년 일하다 10년 살고, 저세상 간다는 것이 보편적 인생 패턴이었습니다.

그런데 요즘은 어떻게 변했습니까? 대학 진학률이 조금 떨어졌다지만, 70퍼센트가 넘죠? 최대 84퍼센트를 찍었던 적도 있습니다. 대학 들어가서 4년 만에 바로 졸업하는 사람 본 적 있나요? 남자들은 군대 갔다 오고 서른은 되어야 겨우 밥벌이를 시작합니다. 지금 한국인의 평균수명은 80대 중반이에요. 조금 과장해서 90살까지 살아요. 즉, 서른 살까지 공부하고 20년 일하다가 40년 후에 저세상으로 가는 겁니다. 부부가 함께 번다 해도 자식을 30년 공부시키고, 자신들의 노후 자금까지 준비할 수 없습니다. 이게 지금 우리 주변에서 벌어지고 있는 일이에요. 이것이 과연 실현 가능한 인생일까요? 불가능합니다. 세계 최저 출산율, OECD 국가 중 노인 자살률 1위는 우리 삶이 과거와 같은 방식으로 돌아가지 않는다는 것을 단적으로 보여주는 지표입니다.

이런 한국 사회를 제대로 돌아가게 하려면 고칠 게 굉장히 많습니다. 교육, 양육, 경제, 취업, 노사, 복지, 의료, 문화 등 사회의 모든 부분을 바꿔야 해요. 그런데 이 모든 것을 한번에 바꾸기는 무척 힘듭니다. 조금씩 바꿔야 하죠. 바꾸는 방법은 사회적 재화를 어떻게 나누는가에 대한 방법론의 문제예요. 그렇지 않습니까?

우리나라 대학 교육이 문제다, 그러면 우리나라 대학 한꺼번에 다 하지 마! 문 닫아! 가능해요? 돈이 없어 의료 서비스를 받지 못하는 사람이 많으니 오늘부터 무상 의료 서비스를 제공해! 이런 게 가능해요? 이런 식의 방법은 불가능해요. 무상 의료 서비스를 추진하는 정당이 있고, 이에 동의하는 시민이 있을 수 있지만, 반대하는 사람들의 동의를 구해 법이 통과되기까지는 최소한 몇 년은 걸려요.

무상 의료 하겠다고 해서 그냥 됩니까? 건강보험료 내는 방식 바꿔야죠. 세금 내는 방식 바꿔야죠. 그래서 건강보험에서 의료비 지출을 얼마만큼 늘릴 것인지, 세금에서는 얼마만큼 보조할 것인지 그런 게 다 결정되어야 하지 않습니까? 세금에서 의료비 지출을 보조하는 액수가 결정되면 그만큼 어떤 부분의 세출을 줄일 것인지, 국방비인지 교육비인지 이런 걸 또 결정해야죠. 아니면 증세해야 하고요. 그럼 법인세를 올릴 것인지 부가가치세를 올릴 것인지 그것도 결정해야 해요. 이런 것 하나하나를 결정하려면 세금을 더 내야 하는 사람들, 의료비 지원을 더 받게 되는 사람들 모두의 동의를 받아야죠. 이게 바로 사회적 재화를 어떻

정관용

게 거둬서 어떻게 나눌 것인지에 대한 방법론의 문제란 겁니다.

지금 우리 사회의 산적한 문제들은 한꺼번에 해결할 수는 없고, 분야별로 조금씩 사회적 동의, 국민적 합의를 이뤄가면서 풀어가야 합니다. 그러려면 끊임없이 대화하고 토론하고 소통하고 절충해가야죠. 이 방법밖에는 없어요.

사회적 갈등을 어떻게 해결할 것인가

우리나라는 세계에서 7번째로 20-50클럽에 가입했습니다. 20-50 클럽은 인구 5천만 이상, 1인당 국민소득 2만 달러 이상을 기록한 나라를 뜻합니다. 이 사실을 알고 계셨나요? 이 클럽에 가입한 나라는 미국, 영국, 독일, 프랑스, 일본, 이탈리아 그리고 우리나라밖에 없어요. 사실 우리나라는 작년이나 재작년 즈음 국민소득 3만 달러를 넘어 30-50클럽에 가입할 것으로 기대됐는데 그러지 못하고 있습니다. 이렇게 양적, 질적으로 성장한 사회는 매우 복합적이고 다층적인 면을 가지고 있어요. 이런 사회에서 발생한 문제들을 해결하기 위해서는 이념적 선택보다는 방법론적 절충에 의지해야 합니다.

무상 의료가 실현되려면 어떤 것들이 합의되고 결정되어야 하는지 말씀드렸죠? 이게 이념적으로 딱 선택한다고 해결되는 문젭니까? 아니죠. 방법론적으로 세세한 부분들을 절충해가야 하는 문제란 말입니다.

이것이 민주주의의 원칙입니다. 민주주의의 원칙 아래 있는 국가라면 어느 국가든지 살림살이를 하는 집단이 세 부분으로 나누어져 있어요. 첫 번째가 여러분에게 세금을 걷어서 쓰는 정부와 국회예요. 살림살이를 하는 주체인 정부는 어떤 방식으로 세금을 거두고 어디에 쓸 것인지를 결정하는데, 이것이 사회의 변화에 가장 큰 영향을 미칩니다. 그리고 국회는 거둔 세금을 어떻게 쓸지 입법, 예결산 심의 등을 통해 결정하는데, 이 과정에 영향을 미치기 위해 여러분은 투표도 하고 다양한 정치 활동에 참여하는 것입니다.

두 번째 살림살이의 주체는 기업이고, 세 번째 살림살이의 주체는 가계입니다. 정부와 기업과 가계가 살림살이를 하다보면 이들 사이에 갈등이 발생합니다. 기업과 가계가 각자의 몫을 위해 벌이는 임금 협상, 기업과 가계 가운데 어느 곳에서 세금을 더 거둘지에 대한 정부의 결정, 대기업과 중소기업의 상생을 위한 정부의 방안, 사회 양극화 완화를 위한 정책 등이 모두 사회적 갈등을 불러올 수 있습니다. 이러한 갈등들을 정치, 정당, 언론, 이익단체의 행위자들이 다수결의 원칙, 또 소수자 보호의 원칙 아래서 조정해나가는 과정, 이것이 바로 정치이고 민주주의입니다.

그렇다면 민주주의의 원칙은 이념과 가치 선택의 영역에 있을까요, 아니면 정책과 대안 조정의 영역에 있을까요? 네, 당연히 정책과 대안 조정의 영역에 있습니다. 물론 그 바탕에 이념과 가치가 도사리고 있겠죠. 제가 이렇게 구분을 하는 이유는 사회가 적대적 관계가 되면 사회 구성원들이 문제 해결을 위한 방법론을 이야기하기보다 이념과 가치의 문제에 치중하게 되어서예요. 이념과 가치를 내세우면 자신의 반대편에 서 있는 사람을 공격하고 적으로 낙인찍기가 더 쉬워지겠죠.

간단히 말하면 이런 거예요. 내 맘에 들지 않는 말을 하면 저거 빨갱이야, 저거 수구꼴통이라 그래, 라고 하는 거예요. 그럼 쉽잖아요. 그런데 서로 그렇게 비판하고 비아냥대는 사람들을 모아놓고 구체적으로 문제를 어떻게 해결할 것인가 방법론적인 관점에서 토론을 해보면 실제로 그 사람들이 내놓는 대안에는 거의 차이가 없어요. 실제로는 별 차이를 보이지 않으면서, 말은 극과 극으로 하고 있는 거예요. 제가 그 지겨운 과정을 2천 번 넘게 지켜봤습니다. 정말 신물이 납니다. 이걸 좀 그만하자는 거죠.

자신의 신념을 의심하라

이제 우리 사회는 소통과 방법론적 절충 없이는 한 걸음도 앞으로 나가지 못하는 사회가 됐습니다. 공동체의 미래보다는 권력 투쟁에 몰두하는 양쪽의 과격파들은 이런 분위기를 싫어해요. 문제를 단순화하고 싶어 합니다. 모든 문제를 이념의 문제, 가치의 문제로 돌리려고 하죠. 그렇게 싸워서 뭐하려고요? 상대방을 열심히 잘 공격해서, 자기편을 모아서 내 권력을 키우고 싶다는 거예요.

그런데 솔직하게 이 자리에 앉으신 절대 다수는 중간층이에요. 양쪽 어느 한편의 열렬한 지지자도 분명 있겠지만, 그렇지 않은 분들이 대다수일 거예요. 그런데 여러분, 우리 사회에서 다수인 중간층들이 주눅 들어 있어요. 왜? 양쪽 끝이 계속 소리를 지르다보니, 별거 아닌 이야기를 해도 언론에서 양쪽 끝의 이야기를 더 크게 보도해주니까 우리 사회가 온통 양극단만 있는 것 같이 느껴지는 겁니다. 우리 사회의 일그러진 모습이 바로 이거예요. 적대적 공존관계, 진영논리, 이런 정치적 담론 속에서 여러분께 마지막으로 묻고 싶습니다.

여러분의 생각은 누가 만듭니까? 여러분이 만든 여러분의 생각입니까? 적대적 공존관계 일부에 편입되어 있는 건 아닌가요? 네 편과 내 편을 가르는 진영논리에 빠져 있는 건 아닌가요? 아니

정관용

면 아예 다 생각하기 싫다는, 무관심 병에 빠진 건 아닌가요? 내가 스스로 결정한 나의 생각이 아니라 요즘 우리 또래는 대충 이런 분위기니까 나도 그런 생각이야. 혹시 그렇게 생각하는 건 아닌가요?

오늘 이 말씀을 드리려고 왔습니다. 시민들의 감시가 없으면 정치와 언론은 그들만의 리그에 빠집니다. 주체적 시민 한 명 한 명이 자기의 목소리를 내야 합니다. 진영논리에 꽉 차 있는 이 혼탁한 사회에서 중간에 있는 여러분이 목소리를 내야 합니다. 적대적 공존관계에서 서로 반대되는 주장으로 싸우기만 해서는 문제 해결이 안 됩니다. 양쪽 주장의 일부도 실현을 못합니다. 또 양쪽 다 틀렸다고 눈감는 사람이 많을수록 문제 해결을 위해 단 한 발짝도 더 나아갈 수 없습니다. 결국은 서로의 의견을 절충해서 타협해야 합니다. 그러려면, 내 주장도 양보하고, 상대의 주장도 받아들일 수 있어야 해요. 점심 메뉴를 선택하거나, 가계의 여유 자금을 어디에 쓸 것인가를 결정할 때처럼 여러분이 일상적으로 취하는 훌륭한 토론의 자세가 필요한 것입니다. 여러분 모두가 그렇게 살고 있는데 유독 우리 정치만, 우리 언론만 몇 십 년 뒤쳐진 모습을 보이고 있는 게 한탄스럽습니다.

우리 정치를 바꾸기 위해서 논의해야 할 주제는 정말 많습니다. 그걸 오늘 다 말씀드릴 수는 없고, 오늘 하고 싶은 말은 일단 내 생각에 대한 궁금증부터 가져봐야 한다는 겁니다. 그래서 제가 이렇게 표현해보려고 합니다. '자신의 신념을 의심하라.' 별로 멋이 없죠? '사랑하다가 죽어버려라', 이런 게 멋있죠? 폼 나잖아요. 그런데 제가 할 수 있는 말은 '자신의 신념을 의심하라!'입니다. 신념에 찬 인간은 정말 멋있습니다. 하지만 우리는 지금 잘못 형성된 '신념 과잉의 시대'를 살고 있습니다. 내가 지금 신념이라는 걸 가지고 있나? 진짜 이게 내 신념인가 의심해봐야 합니다.

여러분, 죄송한 이야기지만 신념에 가득 찬 인간이기보다 먼저 의심으로 가득 찬 인간이 되어야 합니다. 사실에 기초해서 자신의 신념을 세운 인간이 되어야 합니다. 정확치 않은 타인의 주장에 근거해서 내가 지금 헛된 신념을 세우고 있는 건 아닌지 생각해보십시오. 그리고 내 주변 문제부터, 학생이면 학자금 문제, 직장인이면 명예퇴직 문제, 임금피크제 문제, 이런 것부터 어떤 사람들이 어떤 해결책을 내고 있는지 비교하고 들여다보세요. '어, 이거 내가 좋아하는 누가 이야기했지, 그럼 그 말이 맞을 거야.' '내가 신뢰하는 사람을 공격하는 사람은 나쁜 사람이야.' 이렇게 단정 지어 생각하면서 마냥 타인의 의견을 따르지 말고, 다양한 의견들에 귀 기울이고 주변 사람들과 하나의 문제에 대해 깊이 토론해보세요. 그런 과정 속에서 창조적 대안을 끊임없이 만들어가는 것, 그것이 민주주의를 만들어가는 시민의 자세입니다.

정관용

Q
저는 평소 의사소통 과정에 큰 관심을 가지고 있습니다. 일단 몇 천만이 넘는 국민 단위의 소통이 과연 가능한 것인지 묻고 싶고, 우리나라의 언론기관이 정화될 수 있는지 의견을 듣고 싶네요.

A
국민 단위의 소통이 왜 불가능합니까? 가능합니다. 그리고 가능해야 합니다. 제가 직접민주주의를 하자는 것이 아닙니다. 옆 사람과 대화하면서 조금씩 생각을 키워보자는 거예요. 서로 생각을 키우면서 소통하는 것이 중요합니다. 생각을 키우고 나누다가 자신과 이해를 함께하는 이익단체나 사회단체에 가입해 목소리를 내거나, 더 내키면 정당원이 되어 조금씩 자신이 속한 집단부터 바꿔나가면 됩니다.

두 번째, 언론이 스스로 정화될 가능성이 있느냐? 암담합니다. 우리 언론이 지금에 이르게 된 데에는 다 그만한 내력이 있습니다. 민주화 전에는 모든 언론이 똑같았어요. 신문 1면을 펼치면 탑 기사가 다 똑같아요. 왜? 정부가 통제했기 때문이죠. 민주화가 된 이후에 언론사들이 자리를 잡기 시작했어요. 보수적인 언론, 진보적인 언론. 그런데 정권이 바뀌면서, 언론 환경이 바뀌고 방송 내지 언론 정책과 관련된 논쟁적인 사안들이 계속 터졌습니다. 예를 들면 김대중 정부 때는 언론사 세무사찰 문제가 크게 불거졌고, 노무현 정부 때는 신문법 파동이라는 것이 있었습니다. 이명박 정부에서는 종편 논란이 있었죠.

이런 정책 이슈들은 단순한 정책 이슈가 아니라 언론사들의 이해관계가 걸려 있는 정책 이슈들입니다. 그 이해관계는 돈과 관련되어 있습니다. 자기들이 돈을 버느냐 못 버느냐, 하는 것과 직접 관련된 정책 쟁점이 매 정권마다 터지다보니, 이제 언론사들은

정관용

자기 스스로가 행위자가 되어 나의 이익을 위해서 어느 특정 정치집단과 결탁하게 된 것입니다. 이건 심각한 상황입니다. 스스로 정화할 능력, 없다고 봅니다. 그럼, 누가 할까요? 여러분이 해야 합니다. 언론을 좀 더 철저히 감시해야 합니다.

Q 저희가 방송 토론에 나오는 사람들을 신뢰하지 않듯 선생님도 그 사람들을 크게 신뢰하지 않고, 잘못된 점이 있다고 생각하시는 것 같아요. 선생님은 방송에 나가면서 2천 번의 기회가 있었잖아요. 그렇다면 그동안 그들과 소통하기 위해서 어떤 노력을 하셨는지 묻고 싶습니다.

A 넌 뭐했느냐, 이거죠? 네, 솔직히 고백하겠습니다. 부분적으로 저도 그들의 싸움에 일조했습니다. 죄송합니다. 왜냐? 솔직하게 말씀드리면 바람직한 토론의 모습으로 갈 때, 재미가 없었습니다. 시청률이 안 나와요. 그래서 저도 격하게 싸우는 재미를 위해 일조했다는 것을 인정하고 사과드립니다.

그래도 사회자로서 저는, 이런 문제의식을 가지고 있었기 때문에 싸울 때는 조금 놔두더라도 그래서 너의 대안은 무엇이냐, 라는 질문을 끊임없이 던졌습니다. 그래서 양쪽 대안을 보니 여기부터 여기까지는 같은 거네, 서로 여기까지는 동의할 수 있지? 하고 이렇게 양쪽을 가운데로 데려오려고 노력했어요.

제가 방송 활동을 한 지 20년 가까이 되었는데 그래도 토론 분위기가 점진적으로 개선되고는 있습니다. 그런데 조금씩 개선되다가도 극단적인 일, 첨예하게 대립하는 정치 쟁점이 생기면 다시 옛 모습으로 돌아가요. 그리고 선거 때가 되면 또 한참 뒤로 퇴보합니다. 요즘이 그렇죠. 교과서 국정화 같은 이슈도 있고, 이러다보니 조금 뒤로 가 있는 모습을 보게 되는 겁니다. 그 동안 너 뭐했느냐, 질문에 답이 됐습니까?

사라진
정의

표
창
원

안녕하세요, 반갑습니다. 표창원입니다. 제가 오늘 여러분께 던질 질문은 '우리는 정의를 위해 나설 용기가 있는가'입니다. 그런데 이 질문을 하기에 앞서 우리 사회에 '정의'가 바로 서 있는지부터 알아봐야 할 것 같습니다. 많은 분들이 정의는 책, 영화, 드라마에나 있지 현실에는 없어, 라고 말씀하십니다. 옛날에는 있었을지 몰라, 하지만 이미 사라진 지 오래야, 마치 공룡 같은 거지. 이렇게 이야기하는 분들도 많아요. 그렇다면 지금 우리 사회의 정의가 어떤 상태인지부터 먼저 살펴보겠습니다.

우리는 정의로운 사회에 살고 있는가

　우리가 살고 있는 대한민국은 자유민주주의를 국가 이념으로 한 자본주의 국가입니다. 자본주의 사회에 있어서 경제적 정의란 무엇일까요? 승자독식이요? 그건 자본주의의 경제적 정의가 아니죠. 경제적 정의에 대한 여러 개념들이 있지만 '정의론'으로 유명한 미국의 철학자 존 롤스John Rawls는 경제적 정의를, '한 사회에서 가장 경쟁력이 떨어지는 사람의 인간으로서의 기본권을 보장한 다음, 남은 재화를 각자의 능력과 성과에 따라 나누는 것'이라고 이야기했습니다. 자본주의가 존재하기 위해서는 그 사회에서 가장 약한 사람, 다양한 이유로 자본주의적 경쟁에 뛰어들지 못한 사람의 기본적 삶의 요건이 충족되어야 한다는 것입니다. 그렇다면 이런 관점에서 우리 사회는 정의로운 사회인가요?

　지니계수Gini's coefficient라는 것이 있습니다. 이탈리아의 통계학자 코라도 지니Corrado Gini가 제시한 것으로 소득분배의 불평등도를 나타내는 수치입니다. 지니계수의 수치가 높을수록 불평등이 심하다는 것을 의미합니다. '세계경제포럼 2015'자료에 따르면, 2013년 기준 한국의 지니계수는 선진국이라고 하는 서른 개 나라 가운데 다섯 번째로 높습니다. 하지만 우리가 피부로 느끼는 불평등도는 더 높은 수준입니다.

교육 분야를 먼저 말해보죠. 우리는 의무교육을 헌법으로 보장하고 있습니다. 중학교까지는 대한민국 국민 누구나 평등하게 교육을 받습니다. 하지만 현실은 그렇지 않은 것 같습니다. 최근 한국보건사회연구원에서 만 14~18세 청소년들을 대상으로 한 온라인 설문조사에서 응답한 학생 중 79.4퍼센트가 우리나라의 교육적 현실은 불평등하다고 답했습니다. 최근에 '수저론'이 인기를 끌고 있죠. 부유한 부모 밑에서 태어난 아이들은 일찍부터 다양한 형태의 사교육을 받고, 또 이런저런 특혜를 누립니다. 반대로 경제적으로 풍족하지 못한 부모의 자녀들은 소질과 역량을 발달시키거나 뽐낼 기회를 갖기 힘듭니다.

사회적 정의는 또 어떤가요. 미국의 하버드대학교 교수인 마이클 샌델Michael Sandal 교수가 한국에서 100만 부 이상 팔린 저서 《정의란 무엇인가》의 인기에 놀라서 방한하기도 했죠. 사실 이 책이 그렇게 화제가 될 줄은 이 책을 번역 출판한 출판사에서도 예상하지 못했다고 합니다. 출판사 직원에게 들은 이야기입니다. 이 책을 계약하고 번역을 시작했을 때는 손익분기점까지만, 그러니까 1만 부 정도만 팔려도 성공이라고 생각했답니다. 왜? 《정의란 무엇인가》는 결코 재미있는 책이 아닙니다. 정의에 대한 철학적 논쟁들을 일상생활 속의 예화를 통해 풀어내고는 있지만, 사실 그 예화들이 우리 사회와는 맞지 않는 부분들이 많아요. 그럼에도 이 책은 우리 사회의 정의에 대한 갈망을 반영하듯 순식간에 100만 부 이상이 팔려나갔고 지금까지 누적 판매량은 200만 부를 넘었습니다.

한국을 방문한 마이클 샌델 교수는 2012년 아산정책연구원과 공동으로 한국과 미국의 19세 이상 성인 남녀를 대상으로 사회정의 인식조사를 실시했습니다. 이 조사에서는 일반적인 설문조사와 달리 설문 문항을 샌델 교수의 저서에 포함돼 있는 다양한 예시를 이용해 구성해, 한국인과 미국인의 인식을 보다 구체적으로 살펴볼 수 있었습니다. 조사 결과에 따르면 사회 전반의 공정성에 대해 한국인들은 압도적 다수인 73.8퍼센트가 공정하지 않다고 답했습니다. 반면에 미국인들의 62.3퍼센트는 대체로 공정하다고 답했습니다. 이 조사에서 알 수 있듯, 여러 가지 이유가 있겠지만, 우리 사회가 체감하는 사회적 정의는 상당 부분 사라진 것이 분명합니다.

정치적 정의, 즉 투표의 과정과 결과는 논외로 치고, 주권자인 국민에게 헌법이 보장하는 정치적 권리에 대한 부분, 하늘이 내린 천부인권, 타인의 견해와는 상관없이 하나의 사실이나 관점 또는 사상을 유지하거나 생각할 수 있는 사상의 자유, 내가 가진 의견과 생각을 표현할 수 있는 표현의 자유, 언론의 자유, 집회의 자유, 결사의 자유, 만약에 세상이 공정하지 않다고 느낄 때 외칠 수 있는 시위의 자유가 대한민국에서는 점차 줄어들고 있습니다.

특히 현재 대한민국 언론의 자유도는 심각한 상태입니다. 미국의 국제 인권단체인 프리덤하우스Freedom House가 발표한 '2016년 언론 자유 보고서'에 따르면 한국의 언론 자유 지수는 33점으로 조사 대상인 199개국 가운데 66위에 랭크되어 있습니다. 여러분, 이 정도 수준이면 아프리카의 나미비아와 동급입니다. 사법적 정의도 마찬가지입니다. 2014년 OECD가 여론조사기관 갤럽에 의뢰해 각국 국민을 대상으로 사법부 신뢰도를 조사한 결과, 대한민국 국민들의 사법부 신뢰도는 27퍼센트로 조사 대상 42개국 중 39위에 랭크됐습니다. 한국보다 신뢰도가 떨어지는 나라는 칠레와 우크라이나, 콜롬비아 셋뿐이었습니다.

제가 과거 경찰관 생활을 할 때의 일입니다. 1980년대 말 90년대 초에 거리에서 교통 단속을 하면, 단속에 걸린 운전자 중에 고분고분 범칙금 청구서를 받는 사람이 많지 않았습니다. 그들의 공통된 주장은 '왜 나만 잡습니까?'였습니다. 그중 반포동에서 신호 위반 단속에 걸린 사람이 제 기억에 오래 남았습니다. 이 사람은 단속에 걸린 게 너무 분한 나머지 그날 자신의 일을 포기하고, 그 자리에서 신호 위반 차량을 모두 기록했습니다. 그리고 그중 몇 대나 경찰관이 단속하는지를 체크했어요. 그러고 나서 그 자료를 가지고 경찰관들에게 가서 항의를 했습니다. "보십시오.

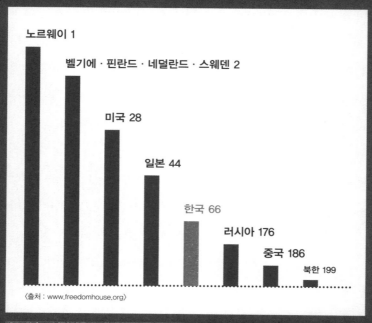

노르웨이 1

벨기에 · 핀란드 · 네덜란드 · 스웨덴 2

미국 28

일본 44

한국 66

러시아 176

중국 186

북한 199

〈출처 : www.freedomhouse.org〉

2016년 프리덤하우스의 언론자유도 순위.

미국의 국제 인권단체인 프리덤하우스가
발표한 '2016년 언론 자유 보고서'에 따르면
한국의 언론 자유 지수는 33점으로 조사 대상인
199개국 가운데 66위에 랭크되어 있습니다.

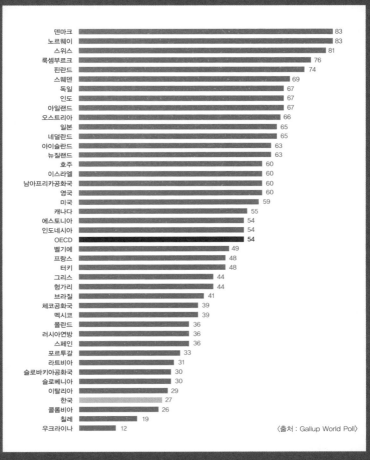

덴마크	83
노르웨이	83
스위스	81
룩셈부르크	76
핀란드	74
스웨덴	69
독일	67
인도	67
아일랜드	67
오스트리아	66
일본	65
네덜란드	65
아이슬란드	63
뉴질랜드	63
호주	60
이스라엘	60
남아프리카공화국	60
영국	60
미국	59
캐나다	55
에스토니아	54
인도네시아	54
OECD	54
벨기에	49
프랑스	48
터키	48
그리스	44
헝가리	44
브라질	41
체코공화국	39
멕시코	39
폴란드	36
러시아연방	36
스페인	36
포르투갈	33
라트비아	31
슬로바키아공화국	30
슬로베니아	30
이탈리아	29
한국	27
콜롬비아	26
칠레	19
우크라이나	12

〈출처 : Gallup World Poll〉

OECD가 조사한 42개국의 사법부 신뢰도.

2014년 OECD가 여론조사기관 갤럽에 의뢰해
각국 국민을 대상으로 사법부 신뢰도를 조사한 결과,
대한민국 국민들의 사법부 신뢰도는 27퍼센트로
조사 대상 42개국 중 39위에 랭크됐습니다.

하루에도 이렇게 많은 차들이 신호 위반을 하는데, 당신들이 단속하는 차량은 10퍼센트도 안 됩니다. 그중에 내가 피해자가 되었습니다." 불공정 피해자라는 거죠. 여러분도 이 사람과 같은 생각이십니까?

모든 교통법규 위반자, 행정법규 위반자를 이 사회가 100퍼센트 단속할 수 있을까요? 아마도 불가능할 겁니다. 우리가 사는 세상은 완전하지 않습니다. 우리 또한 자신의 욕망과 충동, 주위 사람들과의 관계 속에서 완전할 수 없는 존재입니다. 하지만 그렇다고 해서 우리에게 정의가 필요하지 않은 것은 아닙니다. 우리가 바라는 것은 사회 구성원들이 수긍할 수 있을 정도의 정의입니다. 물론 예외도 있을 수 있고, 실수도 있을 수 있고, 또 어느 정도의 불평등이 있을 수 있겠죠. 하지만 그 정도가 우리가 받아들일 수 있는 정도냐, 혹은 아니냐의 문제일 것입니다. 73.8퍼센트의 국민이 우리 사회가 공정하지 않다고 답한 것의 의미는, 대한민국이 100퍼센트 정의롭지 않다는 것이 아니라 한 개인이 수긍할 수 있을 정도의 정의가 확보되지 않았음을 이야기하는 것입니다.

정의는 왜 중요한가

두 번째 질문입니다. 그렇다면 정의는 왜 그렇게 중요할까요. 정의는 공적 영역의 문제이니 나는 상관할 바 아니다. 당신과 같은 경찰 관계자나 국회의원이나, 장관이나, 국민의 세금을 받는 사람들, 혹은 학자들이 알아서 하면 되는 것 아닌가, 라고 답하실 분들도 있을 것 같습니다. 가장 근본적인 질문을 해보겠습니다. 우리는 누구인가? 인간은 어떤 존재이며, 무엇으로 살고 있는가? 우리는 동물과 무엇이 어떻게 다른가? 이것은 나만 잘 먹고 잘 살 수 있다면 사회가 어떻게 돌아가도 상관없다는 말에 대한 반론의 과정이기도 합니다.

2008년 UCLA에서 한 가지 실험을 합니다. 이 실험은 인간과 동물의 본질적 차이가 무엇인지를 알아보는 실험이었습니다. 과학자들은 인간과 유전자 구조가 79퍼센트 정도 일치하는 쥐와 인간을 같은 조건 아래에 두고, 실험에 투입된 두 개체의 뇌를 MRI(자기공명영상촬영)로 스캔했습니다. 이 실험의 결과 가운데 우리 강연의 주제와 관련된 것만 이야기해보죠.

쥐의 경우 도파민과 같은 신경전달물질을 뿜어내는 대뇌보상중추가 활성화될 때는 예외 없이 맛있는 먹이가 주어졌을 때였습니다. 도파민은 성취감, 만족감 등과 관련된 신경전달물질입니

표창원

다. 쥐는 먹이가 주어진 경우 외에 다른 상황에서는 그런 만족감을 나타내지 않았습니다. 사람도 마찬가지 아니냐고요? 그럴 수도 있습니다. 제 친구 중 한 명은 치킨만 주면 좋아합니다. 그 친구와 치킨을 배달시켜 먹으면 금세 닭다리 하나가 후루룩, 소리와 함께 사라져버립니다. 하지만 이건 예외적인 경우죠. 그리고 배가 부를 때는 그 친구에게도 통닭이 별로 행복감을 주지 못할 겁니다. 실험 결과만 놓고 보면 인간이 행복을 느끼는 조건들은 너무나 다양했습니다. 어떤 사람은 꽃을 볼 때, 어떤 사람은 음악을 들을 때, 어떤 사람은 완벽한 패의 카드를 쥐었을 때 행복감을 느꼈습니다.

그래서 다른 실험을 해봤습니다. 두 마리의 쥐에게 각각 5그램과 10그램의 치즈를 주었습니다. 두 쥐가 느끼는 행복감에는 차이가 없었습니다. 반면 두 사람에게 청소 일을 시키고, 한 명에게는 5달러, 그다음 사람에게는 10달러를 주었습니다. 처음 5달러를 받은 사람은 기분이 좋았습니다. 대뇌선조체가 도파민을 분비한 거죠. 그런데 그가 보는 앞에서 다음 사람에게 10달러를 주자 앞의 사람이 느끼는 행복감의 수치는 떨어졌습니다. 이 상황이 먼저 돈을 받은 사람의 전전두엽에 자극을 준 것입니다. 저 사람과 분명 똑같이 일했는데, 왜 나한테는 돈을 반밖에 안 주지? 상대적 박탈감과 상실감에서 분노가 생겨났습니다. 이처럼 공정하지 않은 상황은 한 인간에게 성취감과 행복감을 빼앗아 갑니다.

정의로운 행동을 했을 때 느끼는 기쁨

인간과 동물의 가장 큰 차이는 바로 이 점이 아닐까요? 공정함과 정의. 나에게 공정함이 적용되고 있는가? 내가 불공정함의 피해자는 아닌가? 그리고 또 하나 내가 공정함에 참여하고 있는가? 옳은 일을 하고 있는가?

저는 경찰에 근무하면서 한 사람의 생명을 구한 적이 있습니다. 1989년에 제가 제주도에서 근무할 때 있었던 일입니다. 우리 대원들과 함께 물에 빠진 사람을 구했어요. 그때 느꼈던 감격은 아직도 잊을 수가 없습니다. 지금까지 저에게 일어난 어떤 일도 그때 느꼈던 감격과 비교할 수 없습니다. 정의로운 일을 했다는 만족감이 주는 감격인 거죠. 아마 여기 있는 분들 모두 그런 경험을 해봤을 겁니다.

여러분도 뉴스에서 본 사건일 거예요. 2005년 천호역에서 지하철을 기다리던 한 사람이 순간적으로 균형을 잃고 지하철과 승강장 사이 공간으로 떨어지는 사고를 당했습니다. 그런데 그 사이가 너무 좁아서 혼자서는 어떻게 해도 빠져나올 수가 없었어요. 그런데 그걸 지켜보던 한 사람이 정말 불가능해 보이는 일을 합니다. 온몸에 힘을 실어 지하철을 밀기 시작한 겁니다. 그게 되겠습니까? 그런데 곧 또 다른 사람이 합세해서 지하철을 밀기 시작했습니다. 그러자 또 한 사람이, 또 한 사람이 지하철로 달려들었어요. 지하철에 타고 있던 사람들도 모두 나와서 도왔습니다. 어떻게 됐죠? 여러분 정도의 숫자만 함께해주면 33톤의 지하철도 뒤로 밀립니다.

사고를 당한 분은 무사히 구조가 됐어요. 삼백 명, 사백 명…… 그 시민들이 누구인지 우리는 모릅니다. 그 일에 대해 그분들에게 어떠한 보상이 주어지지도 않았습니다. 피해자분도 누가 자신을 도와줬는지 모릅니다. 도움을 준 사람들은 사람이 구조되자 각자 가던 길을 갔습니다. 그 누구에게도 아무런 실질적 이득이 없었습니다. 오히려 상황을 외면하고 갔으면 조금 더 빨리 자기 갈 길을 갈 수 있었을 텐데 말이죠. 하지만 그 기적에 참여한 사람에게는 대뇌보상중추의 활성화라는 보상이 주어졌을 것입니다. 한 사람의 생명을 구했다는 뿌듯함에서 온 기쁨이겠죠. 정의는 바로 그런 것입니다.

정의를 실천하는 것은 경찰관이나 국가나 정치인만의 일이 아닙니다. 정의롭지 못한 사회에서는 모두가 불행해집니다. 우리나라의 행복지수는 OECD 국가 중 최하위권이라고 말씀드렸는 데요, 어린이·청소년 행복지수는 심지어 꼴찌예요. 우리가 왜 삽니까? 행복해지고 싶어서 아니겠습니까? 요즘 제가 즐겨 듣는 노래 중에 〈양화대교〉라는 노래가 있어요. 노랫말 가운데 "아프지 말고, 행복하자"는 말이 마음을 울립니다. 그런데 왜 한국 사회에 사는 우리는 행복하지 않은 걸까요?

정의가 사라진 사회

정의롭지 못한 사회는 어떻게 될까요. 아마도 범죄율이 높아지겠죠. 우리 사회도 마찬가지예요. 게다가 범죄의 양상이 점점 흉악해지고 있어요. 살인까지 갈 상황이 아닌데도 타인의 생명을 빼앗는 범죄가 늘고 있습니다. 흉악 범죄를 저지른 범죄자에게서 발견되는 공통점은 사회 또는 타인과의 정서적 연결고리가 없다는 것입니다. 그들을 지배하는 것은 타인에 대한 증오나 공격성을 키우는 반사회적 감정이에요. 이런 감정들의 이면에는 공정하지 못한 세상에 대한 뿌리 깊은 반감이 있고요.

이런 반사회적 범죄와 관련해 사회적으로 큰 파장을 불러일으킨 몇몇 사건이 있었죠. 1988년 지강헌 사건, 1994년 지존파

사건, 2004년 유영철 연쇄 살인사건…… 탈주범 지강헌이 "유전무죄, 무전유죄!"를 외쳤을 때, 지존파가 "우리는 더 못 죽인 게 한이다"라고 내뱉었을 때, 유영철이 수많은 사람을 살해하고도 "나는 이 사회에 나쁜 부자들과 행실이 좋지 않은 여성을 처벌했을 뿐이다"라고 당당하게 말했을 때, 우리는 오랜 기간 사회 구성원들 사이에 쌓인 불신, 단절, 적대감을 극적인 형태로 확인했습니다.

사회정의가 무너진 사회에서는 참사가 발생할 확률이 높아집니다. 왜 그럴까요? 2014년 우리에게 큰 충격을 준 세월호 사건을 이야기해보죠. 우선, 세월호 참사가 일어나게 된 과정들을 되짚어 봅시다. 2008년 이명박 정부가 선박허용연한을 25년에서 30년으로 연장해달라는 업계의 요구를 수용했습니다. 규제 완화를 통해 수명이 다한 배를 계속 사용할 수 있게 만들어준 거죠. 그러자 선박회사들이 수명이 다한 배들을 싸게 사들여 약간의 보수를 거친 뒤 국내에서 운항했습니다. 세월호도 그런 배 가운데 하나였던 거예요. 청해진해운은 2014년이면 폐기되어야 할 배를 싸게 들여와 무리한 증축을 한 후 운항했습니다. 규정보다 화물을 더 싣고, 승객을 더 태워서 돈을 더 벌기 위한 방법이었죠. 그 과정에서 해운항만청, 해경과 같은 다양한 관리·감독 기관들이 안전 관리를 소홀히 하거나 불법을 눈감아주었습니다.

사건 발생일 안개로 인해 출항이 지연되던 세월호는 결국 새

사회정의가 무너진 사회에서는 참사가 발생할
확률이 높아집니다. 2008년 이명박 정부가
선박허용연한을 25년에서 30년으로 연장해달라는
업계의 요구를 수용했습니다. 규제 완화를 통해 수명이
다한 배를 계속 사용할 수 있게 만들어준 거죠.
그러자 선박회사들이 수명이 다한 배들을 싸게 사들여 약
간의 보수를 거친 뒤 국내에서 운항했습니다.
세월호도 그런 배 가운데 하나였던 거예요.

벽에 무리한 운항을 시도했습니다. 왜? 돈 때문이었죠. 그리고 세월호의 운항을 관리·감독해야 할 관리들은 세월호에 어떠한 경고도 하지 않았습니다. 항해하는 동안에도 어처구니없는 일들이 벌어졌어요. 세월호가 우리나라 바닷길 가운데 가장 물살이 빠르고 거세기로 유명한 맹골수로를 지날 때 항해 경험이 태부족한 20대의 젊은 여성 항해사가 배를 운전했습니다.

이 모든 과정들에서 정의는 눈을 씻고 찾아봐도 찾아볼 수가 없습니다. 그 이후의 과정은 더욱 참담합니다. 배가 기울어지고 있는 그 순간에 선장과 항해사와 기관사와 선원들은 승객들에게 가만히 있으라고 지시하고 자신들만 배 밖으로 빠져나왔어요. 해경 역시 무슨 이유에선지 적극적인 구조 활동을 하지 않았고요. 그렇게 누군가 배 밖으로 나오라고 한마디만 했다면 살았을 304명의 소중한 목숨이, 세월호와 함께 바닷속으로 가라앉았습니다.

사건을 처리하는 과정에서도 정의는 실종됐습니다. 참사에 책임을 져야 할 관련자들이 모두 사건의 진실을 감추기 급급했습니다. 재판에서도, 청문회에서도 모른다, 모릅니다, 기억이 안 납니다로 일관했죠. 이런 상황이라면 우리 사회에서 제2, 제3의 세월호 참사가 일어나지 말란 보장이 없습니다. 정의는 우리의 생명입니다. 정의가 사라진 상황에서는 사회 구성원들 상호간의 신뢰도 무너집니다. 상대방을 같은 인간이 아니라 대상화해서 보게 되는 거죠. 그러면 상대에 대한 말이 더 거칠어지고, 공격적이 되고, 의심도 늘어갑니다. 온라인과 오프라인 상에서 생각과 입장이 다르면 적대시하고, 폭력과 욕설을 내뱉는 현실은 모두 우리 사회의 정의가 무너지고 있기 때문이라는 생각이 듭니다.

프랜시스 스페이트 호의 제비뽑기

두 가지 예화를 말씀드리고 싶습니다. 프랜시스 스페이트 francis spaight라는 배 이름을 들어보셨습니까? 1835년 11월 25일 아일랜드 리머릭에서 캐나다 세인트존스로 출항한 이 배는 통나무를 잔뜩 실은 화물선이었습니다. 그런데 이 배가 항해 도중 풍랑을 만나 좌초합니다. 풍랑에서 살아남은 선원은 열여덟 명. 선원들은 빗물을 마시며 버텼지만 굶주림으로 더 이상 구조를 기다리기 힘든 상황에 봉착했습니다. 선장은 살아남은 선원들을 불러 모았습니다. "긴급회의를 합시다. 이러다 우리 모두 죽습니다." 선원들이 묻죠. "무슨 묘안이라도 있나요?" 선장이 말합니다. "있습니다. 여러분도 다 아는 대책입니다. 우리에게는 식량이 있습니다. 바로 우리죠. 우리 중 한 사람만 희생하면 열일곱 명이 구조될 때

표창원

까지 버틸 수 있습니다." "미친 거 아냐?" "돌았어?" 여기저기서 분노의 함성이 터져나왔습니다. 그때 일등항해사가 한발 앞으로 나섭니다. "진지하게 생각해보니 일리가 있습니다. 다 같이 죽기보다 한 명이 희생해서 나머지 사람들은 가족에게 돌아가고, 우리가 어떤 일을 겪었는지 세상에 알리는 게 좋지 않을까요?" 기관장도 나서서 "나도 일등항해사와 같은 생각입니다. 이 세상에는 어쩔 수 없는 일이 일어납니다. 전쟁도 있고, 교통사고도 있습니다. 사람은 어쨌든 죽을 수밖에 없는 존재입니다. 지금 이 순간도 그런 순간이 아닐까요? 누군가는 희생하고, 나머지는 살아남고, 대를 위해 소를 희생합시다." 순식간에 여론이 바뀌었고, 선원들이 고개를 끄덕였습니다. 선장이 다시 물었습니다. "어떻습니까? 저도 이 말을 꺼내기 싫고, 두려웠습니다. 하지만 이것 말고는 우리가 살길이 없습니다. 공평한 방법으로 다른 사람을 위해 희생할 사람을 뽑으면 우리 모두 이 선택을 받아들일 수 있지 않을까요?"

선원들은 제비뽑기를 선택합니다. 선장은 열여덟 개의 똑같이 생긴 나무 막대기를 준비했습니다. 그중 한 나무 막대기 밑에는 빗금이 그어져 있었습니다. 빗금이 그어진 나무 막대기를 뽑는 사람이 희생하기로 했고요. 그래서 누가 뽑혔을까요? 선장? 기관장? 일등항해사? 아닙니다. 그 배에 타고 있던 가장 어린, 열다섯 살의 수습 선원이 그 막대기를 뽑았습니다. 얼굴에 절망의

좌초한 배에서 구조를 기다리던 선원들은
살기 위해 제비뽑기를 선택합니다.
선장은 열여덟 개의 똑같이 생긴 나무 막대기를
준비했습니다. 그중 한 나무 막대기 밑에는
빗금이 그어져 있었습니다. 빗금이 그어진
나무 막대기를 뽑는 사람이 희생하기로 했고요.
그래서 누가 뽑혔을까요?

빛이 스쳐갔지만 곧 소년은 옅은 미소를 띠며 말했습니다. "고맙습니다. 어차피 저는 지금 상황에 아무런 도움도 안 되는데 이대로 죽는 것보다 다른 분께 도움을 주고 값지게 죽을 수 있어 감사합니다." 그리고 그는 자신을 희생합니다. 삼 일 뒤 선원들은 구조가 됐어요. 이들을 구조한 어선의 선원들이 프랜시스 스페이트 호에서 벌어진 일을 알고 당국에 신고를 했고, 이 사건은 세상에 알려지게 됐습니다.

프랜시스 스페이트 호의 선원들은 모두 재판정에 서게 됩니다. 살인죄냐, 무죄냐를 두고 팽팽한 의견이 오가는 가운데 1심은 유죄, 2심은 무죄, 최종 3심은 무죄가 선고됐습니다. 어쩔 수 없는 상황이었다. 그리고 거기 있던 선원 모두 공평한 기회를 자발적으로 받아들인 것이다. 라고요. 그런데 프랜시스 스페이트 호의 고참 선원 중 한 명이 법원의 판결이 내려진 뒤에 한 술집에서 술이 만취한 채 충격적인 이야기를 털어놓습니다. 너무 괴로워서 도저히 진실을 마음속에 담아둘 수가 없었기 때문이었죠. 사실 그때 제비뽑기는 공정한 것이 아니었던 겁니다.

사건의 전말은 이렇습니다. 제비뽑기 전에 선장이 미리 갑판장, 일등항해사, 고참 선원 몇 명을 불러서 이야기를 합니다. 지금 우리가 처한 상황이 이러하다. 그런데 정말 공정한 제비뽑기를 하면 나도 걸릴 수 있고, 너도 걸릴 수 있다. 이건 피해야 하지 않겠

나. 우리가 협력해서 동요하는 선원들을 우리 의견에 동조하도록 만든 후, 제비뽑기를 하자. 물론 우리는 어떤 게 빗금이 그어진 나무 막대기인지 알고 제비뽑기에 참여할 것이다, 이렇게요. 이 사건에 숨겨진 내막이 다시 알려졌고, 사람들은 분노했지만 어쩔 수 없었습니다. 이미 판결이 내려진 사안을 가지고 다시 재판을 할 수는 없었습니다. '일사부재리 원칙' 때문이었죠. 그렇지만 정의가 완전히 사라진 것은 아닙니다. 이 사건은 퓰리처상을 탄 기자이자 작가인 잭 런던Jack London에 의해 책으로 쓰였고, 이 책은 여전히 수많은 사람에게 읽히고 있습니다.

정의는 반드시 실현된다

우리 사회가 프랜시스 스페이트 호라면, 여러분은 약자가 아닐 것 같죠? 열다섯 살 소년이 아닐 것 같죠? 여러분은 이 배에서 살아남을 수 있을 것 같죠? 세월호 피해자들, 쌍용자동차 부당해고 피해자들, 백남기 농민, 강제 철거민들…… 그분들은 우리들과 다르죠? 하지만 언젠가 제가, 그리고 여러분이 그 열다섯 살 선원의 자리에 설지도 모릅니다. 세상은 너무나 빨리, 너무나 쉽게 바뀌고 있어요. 자신은 절대 사회의 약자나 소수자가 아니라고 생각했던 사람들도 어느 순간 그 자리에 서 있을 수 있습니다. 사회의 정의가 바로 서지 않으면 누가 다음 희생자가 될지 아무도 알 수 없습니다.

　그렇다면 지금 우리 사회가 처한 상황은 우리 힘으로 어쩔 수 없는 것일까요? 우리 사회의 정의는 이대로 사라지고 마는 걸까요? 이 이름을 들어보셨는지 모르겠습니다. 어린 소녀를 성폭행한 후 살해했다는 누명을 쓰고, 39년간 억울하게 감옥에 갇혀 있던 정원섭 씨. 결국 39년이 지난 다음에 진실이 밝혀졌습니다. 목격자들의 허위 진술과 고문으로 체포 당시, 정원섭 씨는 억지 자백을 할 수밖에 없었습니다. 하지만 당시 현장에서 발견된 범인 정액의 혈액형이 정원섭 씨의 혈액형과 다르다는 결정적 증거를 경찰과 검찰이 은폐했다는 사실이 나중에 드러났죠. 정의는 때때로 늦게 실현될 수도 있지만 결국에는 실현되고야 만다고 생각합니다. 그 믿음을 저는 결코 버리지 않고 있습니다. 일제강점기, 군사독재, 모두 영원할 것 같았지만 결국 끝이 났습니다. 정의롭지 않은 권력, 정의롭지 않은 체제는 결코 영원할 수 없다는 것이 저의 생각입니다.

　그렇다면 과연 나는 어떤 사람일까? 나는 무엇을 해야 할까? 제가 여러분에게 던지는 질문입니다. 우리 눈에는 극단에 서 있는 사람들이 잘 보이죠. 정의를 짓밟는 사람 편에 서서 편의를 누리는 사람, 아니면 정의를 부르짖다가 부당한 권력에 희생되는 사람. 사회 정의를 구현하기 위해서 우리가 꼭 영웅이나 열사가 되어야만 할까요? 저는 그렇게 생각하지 않습니다. 각자가 자신이 처한 상황에서, 자신이 있는 위치에서, 할 수 있는 일을 하면 됩니다. 자신과 가족의 행복을 지키면서, 선거에 참여하고, 약한 사람의 이야기를 들어주고, 옳다고 생각되는 일에 어떤 방법으로든 자신의 목소리를 낼 때 우리 사회의 정의가 바로 설 수 있다고 생각합니다.

자, 이제 강의를 시작하면서 여러분께 드렸던 질문을 다시 드리겠습니다. 여러분은 자신의 자리에서, 자신이 할 수 있는 방법으로, 정의를 위해 행동할 준비가 되셨습니까? 다시 묻겠습니다. 정의를 위해 나설, 작지만 아주 중요한, 용기를 낼 준비가 되셨습니까?

Q/ 저는 중학교에서 아이들과 함께 자치 법정을 운영하고 있습니다. 그런데 법정을 운영하다보니 아이들에게 정의를 제대로 가르치고 싶어졌습니다. 어린 학생들에게 쉽고 자연스럽게 정의를 가르칠 수 있는 방법으로 무엇이 있을까요?

A/ 가장 간단한 방법은 아이들에게 빵을 둘로 나누기, 혹은 음료수를 두 잔으로 나누기 같은 일을 해보게 하는 것입니다. 제게는 아이가 둘 있습니다. 그 둘은 먹는 건 절대 남에게 양보하지 않습니다. 동생은 빵이 하나 있으면 누나가 자기보다 많이 먹을까봐 눈을 부릅뜨고 감시를 하죠. 그리고 언제나 그 결과를 선선히 받아들이지 않습니다. 자기 눈에는 누나 것이 늘 더 커 보이니까요. 그때 어떻게 하면 정의를 가르칠 수 있을까요? 둘에게 공평하게 나눠봐, 어떻게 할래? 그러면 처음에는 서로 싸웁니다. 네가

나누면 네 것이 더 클 거 아니야. 하면서요. 그럴 때 이런 제안을 해보세요. 한 사람은 나누고, 한 사람은 고르라고. 그러면 나누는 사람은 한쪽이 크면 그걸 다른 사람이 집어갈 테니까 조심합니다. 그렇게 역할을 나누면 서로 견제를 하게 됩니다.

우리 사회가 그렇게 이루어지지 않았습니까. 사회 각 분야가 서로 감시와 견제를 하고 있어요. 지금 하고 있는 자치 법정에서 아주 단순한 사건 하나를 만들어서 롤플레잉을 해보세요. 우리 학급에서 한 학생의 지갑이 사라졌다. 누가 가져갔을까? 재판에 필요한 역할을 학생들이 나눠서 맡고 그 상황에 빠져들게 하는 거죠. 실제로 중·고등학교에서 이런 걸 합니다. 그때 학생들은 이런 이야기를 할 거예요. "선생님, 제가 변호사인데 제가 변호해야 할 사람이 정말 범인 같으면 어떻게 해요?" 그렇잖아요. 정원섭 씨 같은 경우에 누가 봐도 범인 같았거든요. 그런데 변호사는 어떻게 해야 합니까? 실제로 그래요. 유영철 같은 사람을 변호할 때, 사람들이 그런 나쁜 놈 변호사 누구야, 하면서 신상부터 털려고 합니다. 학창 시절에 모의 법정을 해봤다면 그런 소리를 안 하겠죠. 변호사는 자신의 의뢰인이 아무리 범인 같아 보여도 그의 무죄를 믿어줘야 합니다. 그리고 그걸 입증해내야 해요. 쉽지 않은 상황 속에서 피고인이 정말 무죄였고 그걸 변호사가 입증해낸다면, 그 사회의 정의는 살아 있는 거겠죠. 그 과정을 아이들에게 가르쳐줘야 합니다.

- -

Q／ 선생님께 불편한 질문일 수도 있는데요. 정의를 실현하기 위해 왜 정치를 택하셨는지 그것이 궁금합니다.

A／ 네, 너무 날카로운 질문이라 가슴이 아픕니다. 말로 찌르는 칼은 처음 맞아본 것 같은데요.(웃음) 고백하자면 과거의 저는 정치 혐오자였습니다. 정치판은 너무 흙탕물이다, 정치하는 사람들은 모두 이기적이다, 편 가르는 데 선수다, 라고 생각했습니다. 그런 제가 어떻게 정치를 하게 됐을까요?

　나이가 드니 생각이 많이 바뀌게 되더라고요. 간단히 말씀드리면, 싫다고 외면만 하면 정치가 결코 바뀌지 않잖아요. 내가 어떤 방식으로든 정치에 참여하지 않으면 결코 나아지지 않는다는 거죠. 그래서 한번 정치에 참여해보자, 내가 모든 걸 다 바꿀 수는 없지만 우리 정치의 변화와 개선을 위해 힘을 보태보자, 라고 생각한 겁니다.

그리고 범죄 분야에서 계속 일하다보니, 앞서 설명드린 것처럼 마치 두더지잡기를 하는 심정이 되더라고요. 아무리 두더지 머리를 때려도 두더지는 계속 나오잖아요. 결국 두더지가 나오지 않게 하려면 두더지집의 플러그를 뽑아야 합니다. 범죄를 조금이라도 더 줄이기 위해서는 세상 자체가 바뀌어야 한다는 생각을 하게 된 거죠. 법이 바뀌어야 하고, 사회, 문화가 바뀌어야 한다고요. 그러한 변화를 위해서 저는 적극적으로 정치 활동에 참여하기로 한 것입니다. 질문에 대한 충분한 답변이 되었으면 좋겠습니다.

도시의 정의를
말하다

반갑습니다. 김정후입니다. 강의에 앞서 잠시 개인적인 이야기를 하겠습니다. 제가 이번 '그랜드 마스터 클래스'의 강연자로 초대받고, 저를 포함한 강연자 명단을 살펴보니 모두 저보다 유명한 분들이더군요. 그리고 이 컨퍼런스가 3회에 접어들어서 고정 팬이 꽤 많다는 것을 알았습니다. 이번 강연자들에 대해 온라인상에 다양한 의견이 올라와 있어서 살펴봤더니 대략 이런 반응이었습니다. '정여울 선생님, 정관용 선생님, 서민 선생님은 이런 내용의 강연을 하겠구나.' 그러다가 제 이름 앞에서는 '김정후…… 이름은 들어봤는데 음…… 잘 모르겠다!' 아직은 제 강연에 대한 관심이나 도시에 대한 관심이 상대적으로 약하다고 생각했고, 그래서 더 열심히 강연을 준비했습니다.

도시와 정의

　오늘 저는 도시에 대해 이야기해보려고 합니다. 우리는 도시에 대해서 생각하거나 이야기할 때 화려한 무언가를 떠올립니다. 아마도 도시하면 세련된 건물이나 멋진 공간 등 매력적인 무언가가 함께 떠오르기 때문이겠죠. 그런데 도시가 과연 그렇게 화려하기만 할까요? 오늘 저는 여러분에게 도시에 대한 본질적인 질문을 던지려고 합니다. 40분 동안의 강연에서 도시와 관련된 내용을 모두 이야기하는 것은 불가능합니다. 그래서 오늘 저는 도시에 대한 이야기 중에서도 특히 개인적으로 중요하다고 생각하는 '도시의 정의Urban Justice'에 대해 말하고자 합니다.

　혹시 여러분 중에서 '도시의 정의'라는 표현을 들어본 분이 있나요? 만약 있다면 손을 들어 주시겠어요? 아래층에는 한 분도 안 계시네요. 도시의 정의는 우리에게 익숙한 표현이 아닙니다. 또한 많은 사람들이 사용하는 표현도 아닙니다. 우리나라에서 도시의 정의에 대해 본격적으로 논의하기 시작한 사람은 아마도 저일 겁니다. 그러면 제가 왜 도시와 정의를 말하는지부터 이야기해보겠습니다.

　보통 정의를 생각할 때 도시나 건축을 함께 떠올리는 경우는 많지 않습니다. 대신 오른쪽에 보시는 것과 같은 이미지를 많이

오른손에는 저울, 왼손에는 칼을 든 정의의 여신.

도시의 정의는 우리에게 익숙한 표현이 아닙니다.
또한 많은 사람들이 사용하는 표현도 아닙니다.
보통 법과 관련이 있는 정의는
어떻게 도시문제와 접목될까요?

떠올릴 겁니다. 우리나라 대법원에도 이 동상이 있습니다. 그리스의 여신인 '디케Dike', 즉 정의의 여신입니다. 전 세계 대부분의 나라에, 특히 법과 관련된 기관에는 이 동상이 있게 마련입니다. 정의의 여신은 오른손에는 저울, 왼손에는 칼을 들었습니다. 저울은 공정하게 평가하고 분쟁을 해결한다는 의미이고, 칼은 잘못된 행위에 대한 단죄, 즉 벌을 준다는 의미입니다. 정의의 여신이 상징하는 것은 모든 나라가 공통적으로 추구하는 법과 관련이 있습니다.

저는 주로 법에서 언급되는 정의의 문제를 도시와 관련해 이야기해보고자 합니다. 그러면 왜 도시에 정의를 적용하려는 것인지부터 이야기해볼게요. 일단 오른쪽의 그래프를 보시죠.

이 그래프는 1950년부터 2050년까지 100년 동안 전 세계 도시와 농촌의 인구 변화 양상을 보여줍니다. 2005년을 지나서 2007년에 이르면 도시와 농촌의 인구가 교차하는 것을 볼 수 있습니다. 즉 2007년을 기점으로 전 세계 도시에 거주하는 인구가 농촌에 거주하는 인구를 넘어섰습니다. 대략 32억 명가량 됩니다. 따라서 도시를 연구하는 학자들은 인류가 2007년에 본격적으로 '도시세대Urban Age'로 접어들었다고 설명합니다. 다시 말해 2007년에 태어난 아이들부터는 농촌보다 도시가 더 익숙한 세대라는 것이고, 도시세대는 도시에서 등장하는 문제들에 관심을 가져야

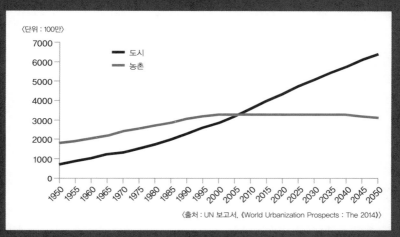

〈단위 : 100만〉

〈출처 : UN 보고서, 《World Urbanization Prospects : The 2014》〉

1950년부터 2050년까지 전 세계 도시와 농촌의 인구 변화 양상.

2007년을 기점으로 전 세계 도시에 거주하는 인구가
농촌에 거주하는 인구를 넘어섰습니다.
대략 32억 명가량 됩니다. 따라서 도시를 연구하는
학자들은 인류가 2007년에 본격적으로
'도시세대'로 접어들었다고 설명합니다.

합니다. 왜냐하면 2007년이라는 상징적인 연도를 기점으로 과거의 도시에서는 경험하지 못했던 훨씬 복잡한 문제들이 우리 앞에 등장했기 때문입니다. 바로 이것이 제가 법적인 개념의 용어인 '정의'를 도시에 접목하려는 근본적인 이유입니다. 즉 오늘날의 도시는 예전과 비교할 수 없을 정도로 확장되었기에 그에 상응하는 새로운 질서가 필요하다는 겁니다.

여러분에게 건강에 대한 질문을 한다고 해보죠. 제가 "여러분, 건강하세요?"라고 물으면 어떻게 대답하실 건가요? 보통 "네" 또는 "아니오"라고 답할 겁니다. 건강 상태에 대해 구체적으로 답할 수도 있지만 '네' 또는 '아니오'로도 충분합니다. 그런데 만약에 "우리 도시는 건강한가요?"라고 제가 여러분에게 물으면 마찬가지로 '네'와 '아니오'로 간단히 답할 수 있을지 궁금합니다. 왜냐하면 도시가 건강하냐는 질문이 어떤 의미인지를 여러분은 쉽게 이해할 수 없기 때문입니다. 즉 대부분의 사람들이 도시가 건강한가, 아닌가에 대한 판단 기준이 명확하지 않으므로 이 질문에 대한 답은 어려울 수밖에 없습니다.

건강한 도시는 어떤 도시인가

그러면 도시의 건강은 무엇으로 평가할까요? 다음에서 보시는 그래프는 미국의 컨설팅 회사인 에이티 키어니A.T. Kearney가 분석한 '2015년 세계 도시Global City 평가'의 결과입니다. 이 평가는 보편적으로 이야기하는, 세계화에 가장 성공한 혹은 부강한 도시들의 순위를 매긴 것이고, 당연히 경제적 맥락이 평가의 중요한 기준이 됩니다.

세계 도시 가운데 가장 잘사는 도시를 꼽는다면 보통 뉴욕, 런던, 파리, 도쿄 등이 들어가겠지요. 이 도시들의 존재는 매우 중요한 역할을 합니다. 왜냐하면 전 세계 많은 도시들이 이들을 경쟁 상대로 삼고, 이들을 따라잡으려고 노력하기 때문입니다. 일종의 기준인 셈이죠. 대한민국의 수도 서울도 마찬가지입니다. 세계 도시 평가에서 서울은 당당히 11위를 차지합니다. 서울의 순위가 저렇게 높네, 하고 깜짝 놀라셨죠?

이번에는 같은 해인 2015년에 발표된 또 다른 도시 평가 결과를 보여드리겠습니다. 이 평가는 다국적 컨설팅 회사인 머서Mercer가 삶의 질Quality of Life을 기준으로 세계 도시를 평가한 것입니다. 표를 한번 찬찬히 보십시오. 앞서 보여드린 평가 결과와 상당히 다르다는 걸 눈치채셨겠죠?

김정후

187

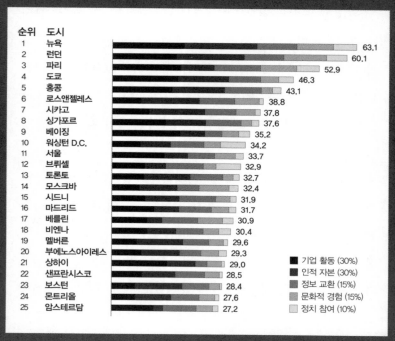

순위	도시		값
1	뉴욕		63.1
2	런던		60.1
3	파리		52.9
4	도쿄		46.3
5	홍콩		43.1
6	로스앤젤레스		38.8
7	시카고		37.8
8	싱가포르		37.6
9	베이징		35.2
10	워싱턴 D.C.		34.2
11	서울		33.7
12	브뤼셀		32.9
13	토론토		32.7
14	모스크바		32.4
15	시드니		31.9
16	마드리드		31.7
17	베를린		30.9
18	비엔나		30.4
19	멜버른		29.6
20	부에노스아이레스		29.3
21	상하이		29.0
22	샌프란시스코		28.5
23	보스턴		28.4
24	몬트리올		27.6
25	암스테르담		27.2

■ 기업 활동 (30%)
■ 인적 자본 (30%)
■ 정보 교환 (15%)
▨ 문화적 경험 (15%)
□ 정치 참여 (10%)

미국의 컨설팅 회사 에이티 키어니의 '2015년 세계 도시 평가' 순위.

에이티 키어니의 도시 평가는 보편적으로 이야기하는,
세계화에 가장 성공한 혹은 부강한 도시들의
순위를 매긴 것이고, 당연히 경제적 맥락이
평가의 중요한 기준이 됩니다.
이 평가에서 서울은 당당히 11위를 차지합니다.

순위	도시	나라
1	비엔나	오스트리아
2	취리히	스위스
3	오클랜드	뉴질랜드
4	뮌헨	독일
5	밴쿠버	캐나다
6	뒤셀도르프	독일
7	프랑크푸르트	독일
8	제네바	스위스
9	코펜하겐	덴마크
10	시드니	호주
11	암스테르담	네델란드
12	웰링턴	뉴질랜드
13	베른	스위스
14	베를린	독일
15	토론토	캐나다
16	함부르크	독일
16	멜버른	호주
16	오타와	캐나다
19	룩셈부르크	룩셈부르크
19	스톡홀름	스웨덴
21	슈투트가르트	독일
22	브뤼셀	벨기에
22	피스	호주
24	몬트리올	캐나다
25	뉘른베르크	독일

다국적 컨설팅 회사 머서의 '2015년 세계 도시 평가' 순위.

머서의 도시 평가 기준은 '삶의 질'입니다.
'삶의 질'에는 도시에 사는 시민들의
삶의 만족도, 행복감과 질병 발병률,
범죄율 같은 지표가 포함됩니다.

앞선 '세계 도시 평가'에서는 뉴욕, 도쿄, 파리와 같은 대도시, 즉 고층 빌딩이 즐비하고 넓은 차도와 많은 인구를 가진 도시들이 상위권을 차지했습니다. 반면에 삶의 질을 기준으로 도시를 평가했을 때는 전혀 다른 결과가 나왔습니다. 취리히, 프랑크푸르트, 비엔나 등 유럽의 도시들과 캐나다, 오스트레일리아의 도시들이 대거 상위권에 포함됐습니다. 그러면 머서의 도시 평가 기준인 '삶의 질'은 어떻게 평가할까요? 도시에 사는 시민들의 삶의 만족도, 행복감과 질병 발생률, 범죄율 같은 객관적 지표 등 일련의 사회적 맥락이 평가의 핵심입니다. 적어도 도시에 거주하는 시민의 입장에서는 양적으로 도시를 평가한 결과보다 삶의 질로 도시를 평가한 결과가 훨씬 중요하다고 볼 수 있습니다.

그러면 우리는 지금 어떤 고민을 해야 할까요? 전자의 도시 평가는 양적 평가, 후자의 도시 평가는 질적 평가라 할 수 있습니다. 이처럼 각기 다른 기준에 근거한 두 개의 평가 결과가 어느 정도 일치한다면 가장 좋겠죠. 왜냐하면 양적으로 성장한 도시가 동시에 질적으로도 우수하다면 다른 도시들이 그 도시를 목표로 부지런히 따라가면 되니까요.

한국전쟁 이후 서울을 포함한 한국의 대부분의 도시는 백지 상태에서 출발해 쉼 없이 발전해왔어요. 그러나 불행히도 한국의 도시들은 양적 성장에만 치중해왔습니다. 양적 성장에 집중했다는 것은 겉으로 드러난 도시의 외형과 수치상의 결과를 중시했다는 의미입니다. 그 결과 서울, 부산, 광주, 인천과 같은 대도시들이 탄생했습니다. 그렇다면 이제 도시에 대한 본질적인 질문을 던져봅시다. 지금 이들 도시에 사는 시민들은 행복한가요?

제 질문을 오해하지 않았으면 합니다. 저는 양적 성장은 무조건 나쁘고, 질적 성장은 무조건 좋다는 말을 하려는 것이 아닙니다. 단지 도시의 양적 성장과 질적 성장을 동시에 살펴야 한다는 점을 강조하고 싶습니다. 도시가 양적으로든 질적으로든 한 방향으로 치우치지 않고 균형을 이루며 발전하는 데 있어 효과적인 평가 기준이 바로 '도시의 정의'입니다. 우리는 이제 우리 도시들이 성장해온 방식을 양적 측면과 질적 측면으로 나누어 살펴보고, 도시의 정의를 통해 오늘날 우리 도시들이 직면한 문제를 파악해야 합니다.

다음 사진의 도시가 어디인지 아시겠어요? 바로 두바이입니다. 20세기 후반부터 우리에게 큰 관심을 불러일으킨 도시죠. 많은 도시 전문가들이 두바이를 배우자고 주장하면서 고위 관료, 자치단체장, 기업인들이 너 나 할 것 없이 두바이를 방문했습니다. 그렇다면 시민의 입장에서 당연히 물어야 하는 중요한 질문이 있지 않습니까? 왜 우리 도시가 두바이를 벤치마킹해야 하죠? 불행하게도 우리는 지금까지 왜 두바이를 배워야 하고, 무엇을 배워

아라비아반도 아라비아만 연안의 토후국인 두바이는 사막 위에 세운 꿈의 도시로 일컬어진다.

많은 도시 전문가들이 두바이를 배우자고 주장하면서
고위 관료, 자치단체장, 기업인들이 너 나 할 것 없이 두바이를
방문했습니다. 그렇다면 시민의 입장에서 당연히 물어야 하는
중요한 질문이 있지 않습니까?
왜 우리 도시가 두바이를 벤치마킹해야 하죠?

야 하는지에 대해 심각하게 고민하지 않은 채 그저 화려한 겉모습에 홀려 두바이가 우리 도시가 향할 목표라고 믿었습니다. 즉 건강하고, 바람직한 도시를 만드는 것에 대해 충분히 고민하지 않고, 그저 기적처럼 단기간에 탄생한, 전혀 검증되지 않은 매우 특수한 도시를 우리 도시가 나아갈 모델로 여겼던 것입니다. 그만큼 좋은 도시가 어떤 도시인지에 대한 고민이 없었던 거예요. 그러면 지금부터 '도시의 정의'가 실현된 세 도시의 사례를 보여드리겠습니다. 프랑스의 파리, 스페인의 빌바오 그리고 영국의 런던입니다.

파리 : 퐁피두센터와 광장들

첫 번째는 프랑스의 파리입니다. 다음 사진에서 보이는 모습은 파리에서 흔히 볼 수 있는 광경은 아닙니다. 왜냐하면 파리 도심에는 사진처럼 넓은 공간이 거의 없기 때문입니다. 파리는 전체 스무 개 행정구로 나누어져 있는데 4구에만 예외적으로 넓은 공터가 존재했습니다. 퐁피두센터가 있는 4구의 보부르Beaubourg 지구는 과거에 주차장이었던 곳으로, 한때 쓰레기 하치장으로도 사용되었습니다. 《레미제라블》에서 혁명군이 바리케이트를 쳤던 골

퐁피두센터가 위치한 파리 4구 보부르 지구의 과거 모습.

퐁피두센터가 있는 4구의 보부르 지구는
과거에 주차장이었던 곳으로, 한때 쓰레기 하치장으로도
사용되었습니다. 《레미제라블》에서 혁명군이
바리케이트를 쳤던 골목이 이 지구에 있기도 하죠.

목이 이 지구에 있기도 하죠.

1977년 이곳에 '퐁피두센터Centre Pompidou'가 건립됐습니다. 퐁피두센터는 주변의 건물들과 전혀 다른 파격적인 형태의 건물입니다. 이 건물은 이탈리아 건축가 렌조 피아노Renzo Piano와 영국 건축가 리처드 로저스Richard Rodgers가 공동으로 설계했습니다.

퐁피두센터가 완공되었을 때 많은 사람들은 파격적인 건축적 실험에 환호했고, 현대 건축이 새로운 시대에 접어들었다고 평가했습니다. 한마디로 퐁피두센터는 건축 기술의 혁명적 사건으로 받아들여졌어요. 왜냐하면 철을 주재료로 건물 전체를 디자인했고, 통상 건물 내부에 위치하는 설비시설을 모두 밖으로 빼냈기 때문입니다.

건축물에서 필요한 기능적인 설비시설은 보통 건물 벽 안쪽으로 넣거나 장식으로 가리는 것이 보편적입니다. 그런데 퐁피두센터는 설비시설을 건물 외부에 그대로 노출했습니다. 빨간색은 이동수단, 노란색은 전기시설, 파란색은 공조시설을 의미합니다. 즉 색으로 각기 다른 기능을 구분한 거죠. 퐁피두센터는 건물에서 반드시 필요한 구조와 각종 공조시설 그리고 이동수단 등을 모두 건물 밖에 배치함으로써 자연스럽게 넓은 내부 공간을 확보했습니다.

그런데 건축적으로 새로운 도전에 성공한 퐁피두센터 못지않

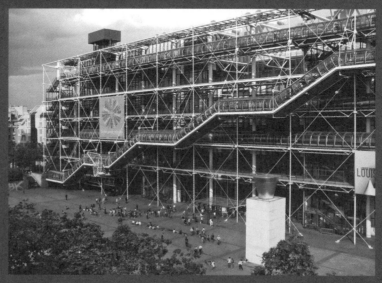
렌조 피아노와 리처드 로저스가 공동 설계한 퐁피두센터.

퐁피두센터는 건축 기술의 혁명적 사건으로
받아들여졌어요. 왜냐하면 철을 주재료로
건물 전체를 디자인했고, 통상 건물 내부에 위치하는
설비시설을 모두 밖으로 빼냈기 때문입니다.

게 주목해야 할 것이 있습니다. 바로 건물 앞에 조성된 넓은 광장입니다. 퐁피두센터 앞 부지는 과거에 주차장과 쓰레기 하치장이었습니다. 이곳에 렌조 피아노와 리처드 로저스가 누구도 상상할 수 없는 파격적인 건물을 올리는ㅈ 동시에 시민들이 편안하게 머물고, 쉴 수 있는 공공 공간을 조성했습니다. 퐁피두센터 부지의 전후 모습을 비교하면 건물과는 별개로 시민과 관광객을 위한 완전히 새로운 공간이 탄생했음을 알 수 있습니다. 이전에는 쉴 수도, 즐길 수도 없고, 누구의 관심도 끌지 못했던 공간이 다목적으로 활용 가능한 공공 공간으로 탈바꿈한 것입니다.

건물의 외관만을 아름답게 하는 것은 반쪽의 성공에 불과합니다. 어떻게 하면 보다 많은 사람들이 어우러져 쉬고, 즐길 수 있을까를 고민하고 그러한 공간을 실현하는 도시 디자인이 오늘 제가 강조하는 도시의 정의에 부합하는 디자인입니다.

그렇다면 렌조 피아노와 리처드 로저스는 퐁피두센터를 건립하면서 어떻게 이러한 공간을 실현할 수 있었을까요. 먼저 다음 사진을 같이 볼까요? 여러분이 보는 사진은 유럽의 전형적인 거리 풍경입니다. 거리의 악사들이 공연을 하고, 춤도 추고, 메시지도 전하고 있죠. 특별히 유명한 연예인이 와서 무언가를 하는 것이 아니라 장기를 가진 사람이라면 누구나 자유롭게 거리에서 자신의 재능을 선보일 수 있습니다. 시민이나 관광객들은 공연이 마

거리 공연이 펼쳐지고 있는 퐁피두센터 앞 광장.

폼피두센터 옆 스트라빈스키 광장의 분수.

본래 공공성과는 거리가 먼 장소에 건립된 퐁피두센터는
혁신적인 디자인으로 칭송받았습니다.
하지만 퐁피두센터의 가치는 파리의 새로운
문화예술 공간이 탄생했다는 데에만 있지 않습니다.
그와 동등하게 시민들이 편안하게 쉬고,
즐길 수 있는 공공 공간이 함께 만들어졌다는 데서도
찾을 수 있습니다.

음에 들면 1유로나 2유로 정도를 이들에게 공연료로 지불합니다. 이렇게 해서 새로운 거리 문화가 형성됩니다.

풍피두센터 옆으로도 광장이 있습니다. 스트라빈스키 광장인데요. 여기에는 사람들의 눈길을 사로잡는 화려한 분수가 있습니다. 조각가인 니키 드 생팔Niki de Saint-Phalle과 장 팅겔리Jean Tinguely 부부의 작품입니다. 분수를 통해 시각적 즐거움을 주는 이 광장 또한 시민들을 위한 훌륭한 휴식 공간입니다. 즉 렌조 피아노와 리처드 로저스는 유럽의 도시에서 흔히 경험할 수 있는 문화예술과 삶의 방식을 담을 수 있는 외부 공간 또한 동시에 디자인한 것입니다.

본래 공공성과는 거리가 먼 장소에 건립된 풍피두센터는 혁신적인 디자인으로 칭송받았습니다. 하지만 풍피두센터의 가치는 파리의 새로운 문화예술 공간이 탄생했다는 데에만 있지 않습니다. 그와 동등하게 시민들이 편안하게 쉬고, 즐길 수 있는 공공 공간이 함께 만들어졌다는 데서도 찾을 수 있습니다. 이 부분을 간과해서는 안 됩니다. 도시가 질적으로 성장하기 위해서는 근사한 건물보다는 오히려 의미 있는 공공 공간의 조성이 중요하다는 것을 인지해야 합니다. 파리 시 정부가 1977년에 새로운 문화예술 시설을 건립하면서 그 외부에 시민들을 위한 거대한 공공 공간을 조성한 것, 이 노력을 살펴야 합니다.

빌바오 : 구겐하임미술관과 공원, 산책로들

두 번째 도시는 스페인의 빌바오입니다. 빌바오는 전형적인 광산 도시이자 항만 도시입니다. 스페인 하면 보통 수도인 마드리드나 축구로 유명한 바르셀로나를 떠올립니다. 그런데 오늘날 빌바오는 마드리드나 바르셀로나만큼 스페인을 대표하는 도시가 됐습니다. 불과 30여 년 전만 해도 완전히 쇠퇴한 광산 도시였는데 말이죠.

1997년 이 도시에 그야말로 파격적인 건축물이 등장했습니다. 바로 미국 건축가 프랭크 게리Frank Gehry가 설계한 '빌바오 구겐하임미술관Guggenheim Bilbao Museum'입니다. 앞서 설명한 퐁피두센터와 마찬가지로, 아니 그 이상으로 이 건물은 세간의 엄청난 주목을 받았습니다. 프랭크 게리는 비행기 외장재인 티타늄을 사용해 이전에는 존재하지 않았던 완전히 새로운 형태의 건물을 탄생시켰습니다. 건축적으로 설명하면 수직과 수평으로 이루어지는 건축의 통념을 완전히 뒤집은 비정형의 건물입니다. 재료에서 형태에 이르기까지 파격, 그 자체였습니다.

구겐하임미술관은 퐁피두센터가 완공되고 정확히 20년 후에 지어진 건물입니다. 사람들은 이런 비정형의 형태로 건물을 디자인할 수 있다는 사실에 놀라워했습니다. 곧바로 빌바오 구겐하임

미국 건축가 프랭크 게리가 설계한 스페인 빌바오의 구겐하임미술관.

프랭크 게리가 설계한 스페인 빌바오의
구겐하임미술관은 건축적으로 설명하면
수직과 수평으로 이루어지는
건축의 통념을 완전히 뒤집은 비정형의 건물입니다.
재료에서 형태에 이르기까지 파격, 그 자체였습니다.

미술관도 전 세계 많은 정치인과 건축인이 반드시 방문해야 할 성지로 등극했어요. 여러분, 제가 구겐하임미술관의 예를 통해 강조하려는 바는 퐁피두센터와 동일합니다. '실험적 건물을 세우면 과연 좋은 도시인가?' '근사한 건물이 들어서면 도시의 가치가 올라가는가?' 이런 질문을 던져야 한다는 것입니다.

여러분은 위의 질문에 대해 어떻게 생각하나요? 짐작하셨겠지만 저의 답은 당연히 '아니오'입니다. 이번에 제가 초점을 맞추는 공간은 미술관 옆에 자리한 공원입니다. 빌바오라는 완전히 쇠퇴한 도시가 어떻게 재생에 성공했는가, 특히 어떻게 양적, 질적 측면에서 모두 성공했는가. 이에 대한 답은 시민들이 편안하게 머물고, 쉴 수 있는 도시 환경을 조성하는 것에 역점을 두었다는 데서 찾을 수 있습니다. 다음 사진을 통해 여러분들이 판단해보십시오. 지금 이 공원 안에 있는 사람들이 시민일까요, 아니면 관광객일까요? 이곳을 주로 이용하는 사람들은 관광객이 아닌 빌바오 시민입니다. 제가 실제로 조사해봤습니다.

빌바오 구겐하임미술관은 현재 전 세계에서 가장 많은 방문객이 찾는 현대미술관 가운데 한 곳입니다. 그리고 그 바로 옆에는 시민들이 편안하게 쉴 수 있는 공원이 있습니다. 시민들에게는 바로 이 공원이 구겐하임미술관보다 더 중요하다는 것이 저의 주장입니다. 즉 빌바오라는 쇠퇴한 광산도시가 세계를 깜짝 놀라게 할 정도로 활성화될 수 있었던 핵심에는 구겐하임미술관뿐 아니라 그 옆에 조성된 공원과 공원 주변으로 유기적으로 연계된 일련의 산책로들이 있습니다. 즉 시민들이 편안하게 쉬고, 쾌적하게 산책할 수 있는 공공 공간의 존재가 도시 활성화의 중요 요소라는 겁니다. 이런 본질적인 부분을 놓치면 단순히 겉모습만을 배울 뿐 진정으로 건강한 도시를 만들기 위한 논의를 할 수 없습니다.

에피소드 하나를 이야기해보겠습니다. 1997년 빌바오 구겐하임미술관이 완공된 후 전 세계의 많은 도시들이 구겐하임미술관과 비슷한 건물을 세우려고 했습니다. 우리나라의 여러 도시도 여기에 포함됩니다. 다시 말해, 빌바오 구겐하임미술관과 똑같은 건물을 지어달라고 프랭크 게리에게 설계 의뢰를 했습니다.

여러분, 한번 생각해보세요. 왜 행정가들이 빌바오와 똑같은 건물을 짓겠다는 생각을 했는지. 아마도 그들은 쇠퇴한 광산 도시인 빌바오가 세계적인 도시가 된 것과 동일한 효과를 누려보겠다는 막연한 기대를 품었을 것입니다. 소위 파격적인 형태의 랜드마크만 만들면 도시가 확 살아난다고 믿고 싶은 것입니다. 과연 이런 접근이 옳을까요? 당연히 옳지 않습니다. 그 행정가들이 간과한 것은 근사한 미술관 때문이 아니라 미술관 옆으로 조성된 공원과 네르비온Nervion 강을 따라 잘 정비된 산책로를 통해 빌바

빌바오 구겐하임미술관과 함께 조성된 공원.

구겐하임미술관 건립과 함께 네르비온 강을 따라 정비된 산책로들.

오 시민들의 삶의 질이 올라갔다는 것입니다. 이들은 도시의 발전을 피상적으로만 관찰해 단지 근사한 미술관 건물이 빌바오를 마술처럼 바꾸었다고 잘못 생각한 것입니다.

조금 다른 관점에서 우리나라의 상황과 연계해 설명해보죠. 현재 우리나라의 지방도시에는 굉장히 많은 박물관이 있습니다. 제가 10여 년 전에 조사하면서 우연히 알게 된 흥미로운 사실이 한 가지 있습니다. 특정 박물관이나 행사를 폄하하려는 의도가 없음을 먼저 말씀드립니다. 우리나라 전역에 존재하는 박물관과 미인선발대회의 수가 거의 비례한다는 것입니다.

예를 들어 감자아가씨 선발대회를 개최하는 도시에는 감자박물관, 고추아가씨 선발대회를 여는 도시에는 고추박물관, 석탄아가씨 선발대회가 열리는 도시에는 석탄박물관 등등. 상황이 이렇다보니 우리나라 도시들은 그 지역을 대표하는 과일, 채소 그리고 특산품들을 전시한 박물관 하나쯤은 모두 가지고 있습니다.

감자박물관에서는 각종 감자를 전시하고, 감자를 어떻게 캐는지, 심는지 등을 설명합니다. 단지 대상이 바뀔 뿐 다른 박물관도 크게 다르지 않습니다. 즉 박물관마다의 특별한 정체성이나 의미 혹은 역할을 거의 찾을 수 없습니다. 이러한 박물관에 얼마나 많은 방문객이 찾아올까요? 조사에 따르면 현재 전국 박물관 중에서 연간 방문객 수가 천여 명이 채 되지 않는 곳이 허다하다고 합니다. 이렇다보니 전시 기획은 고사하고 관리조차 제대로 이루어지지 않고 있습니다.

왜 이런 현상이 일어났을까요? 행정가들이 문화예술의 발전을 위해서는 도시에 박물관이 많아야 한다는 생각, 박물관이 있어야 도시가 살아난다는 단순한 논리에 사로잡혔기 때문입니다. 나아가 우리 도시가 이런 장점이 있고, 이런 특산물이 있는데, 그럴듯한 박물관이 없어서야 되겠느냐고 생각합니다. 그렇다면 이러한 박물관은 과연 누구를 위한 것인가요? 관광객을 위한 것인가요, 시민을 위한 것인가요?

박물관, 한 걸음 더 나아가 각종 문화예술 시설은 기본적으로 시민을 위한 공간입니다. 그럼에도 불구하고 우리나라를 포함해 선진국 문턱에 도달한 개발도상국의 많은 도시들이 박물관을 관광객을 유치하는 수단쯤으로만 여깁니다. 목적과 방향은 물론이고, 소장품에 대한 계획조차 마련하지 않은 상태에서 그야말로 별의별 박물관이 하루가 멀다 하고 유행처럼 건립되는 이유입니다.

만약 빌바오에 현재와 같은 모습의 파격적인 외관의 미술관 대신에 상대적으로 차분하고 평범한 형태의 미술관이 건립되었다면 어떤 상황이 벌어졌을까요? 저는 그렇다 할지라도 빌바오가 현재와 같이 도시 재생에 성공했으리라 확신합니다. 왜냐하면 빌바오 시는 철저하게 시민들을 위한 공간을 만들기 위해 노력했고,

빌바오 구겐하임미술관은 그러한 일련의 과정의 한 부분일 뿐이기 때문입니다.

런던 : 테이트모던의 터빈홀

마지막 사례는 영국의 런던입니다. 런던은 양적 성장과 질적 성장의 균형을 맞추기 위해 한결같이 노력해온 도시입니다. 런던에는 20세기 동안 안정적인 전력 공급을 위해 대규모 화력발전소가 여럿 건립되었는데, 20세기 후반으로 접어들면서 경제성도 없고, 공해를 유발한다는 이유로 단계적으로 폐쇄되었습니다.

오른쪽 위의 사진은 1952년에 템스 강변에 건립된 뱅크사이드 화력발전소입니다. 1981년에 완전히 가동을 중단한 후 이 건물을 어떻게 처리할 것인지를 두고 영국 정부는 큰 고민에 빠졌습니다. 많은 논의가 있었지만 결국 영국의 미술재단인 테이트가 주도해 뱅크사이드 화력발전소를 미술관으로 재개관하기 위한 현상 설계를 진행했고, 지금의 '테이트모던 현대미술관Tate Modern Art Gallery'이 탄생했습니다. 아래 사진은 2000년에 현대미술관이 완공된 모습인데 이전의 화력발전소와 비교해 무엇이 바뀌었나요? 여러분이 쉽게 확인할 수 있듯이 건물의 위쪽 일부만 바뀌었

영국 런던의 뱅크사이트 화력발전소의 멋진 변신.

고, 기존 건물의 형태를 대부분 원형대로 보존했습니다.

테이트모던에서 가장 중심이 되는 공간은 기존 화력발전소의 터빈이 자리했던 터빈홀입니다. 건축가들은 터빈홀에 방치돼 있던 녹슨 기계 시설을 모두 철거하고, 시민들이 편하게 쉴 수 있는 휴식 공간으로 이 공간을 디자인했습니다. 말끔하게 정리된 터빈홀에서는 시민을 위한 다양한 행사가 열리곤 합니다. 미술관이 멋진 예술품을 위한 전시 공간이기에 앞서 시민들을 위한 공공 공간의 역할을 하고 있는 것입니다. 물론 이 공간에는 대규모 설치작품이 전시되기도 합니다. 미국 작가 루이스 부르주아Louise Bourgeois가 거미를 형상화해 만든 거대한 설치조각 〈마망〉이 이곳에서 전시됐습니다.

'기후 프로젝트'라는 기획 전시가 열렸을 때는 터빈홀 한쪽에 일종의 체험형 전시 공간이 만들어졌습니다. 터빈홀 상부에 인공 태양을 만들어 방문객이 기후 변화를 간접적으로 체험할 수 있도록 한 겁니다. 또 갤러리 5층에서 1층까지 타고 내려올 수 있는 대형 미끄럼틀을 설치해 방문객들에게 특별한 재미를 제공하기도 했죠.

테이트모던 주변 일대에 강력한 지진이 발생했다는 가정하에 지질학자들과 협력해 터빈홀의 바닥을 실재로 깨서 지진이 난 상태를 형상화한 전시도 있었습니다. 한마디로 관람객들이 지진

테이트모던 터빈홀의 과거와 현재.

터빈홀에서 전시 중인 루이스 부르주아의 〈마망〉.

기획 전시 '기후 프로젝트'의 전시 장면.

터빈홀에 설치된 대형 미끄럼틀.

을 체험하게 만든 거죠. 터빈홀은 종종 멋진 강연장으로도 변신합니다. 지금 우리가 있는 강연장과 비교해보십시오. 터빈홀의 강연장은 의자가 없고, 우리가 있는 곳은 의자가 있습니다. 좋고 나쁨의 문제가 아니라 필요에 따라 전시장, 강연장, 공연장 등의 각종 행사가 가능하도록 디자인한 것입니다.

터빈홀에서 흥겹게 춤 공연을 벌이고 있는 사진을 볼까요. 많은 방문객이 자유롭게 공연을 관람하고 있습니다. 터빈홀에서 진행되는 이러한 일련의 행위는 과연 무엇을 의미할까요? 바로 테이트모던이 예술가들의 작품을 전시한다는 미술관 고유의 기능과는 별개로 시민들을 위한 공공 공간으로 기획되었다는 것을 의미합니다.

2000년 테이트모던이 개관했을 때 앞선 두 건축물에서와 마찬가지로 전 세계의 이목이 쏠렸습니다. 도시에 흉물로 방치된 거대한 산업용 건물을 기막히게 재활용했다는 점이 특별했기 때문이었죠. 언론은 앞다퉈 발전소의 건축적 변신에 초점을 맞춰 기사를 썼습니다. 그러나 이 또한 테이트모던의 가치를 한쪽 측면에서만 바라본 것입니다.

테이트모던의 진정한 성공은 낡은 건축물의 재탄생에서가 아니라 터빈홀의 역할에서 찾아야 합니다. 테이트모던을 설계한 건축가는 발전소의 거대한 설비 공간을 전시와 휴식이 가능한 다목

지진 체험장으로 변신한 터빈홀.

터빈홀은 강연장으로 쓰이기도 한다.

춤 공연이 벌어지고 있는 터빈홀.

적 공공 공간으로 탈바꿈해 시민들에게 제공했습니다. 짧은 역사에도 불구하고 테이트모던의 연간 방문객 수는 전 세계 박물관 중 3위 안에 들었습니다. 여기서 중요한 사실은 테이트모던을 찾는 방문객의 대부분이 런던 시민들이라는 점입니다. 시민들은 미술품 관람을 위해서 뿐 아니라 편안한 휴식 공간으로 이곳을 찾습니다.

제가 직접 조사한 바에 따르면 테이트모던의 재방문율, 즉 한 번 이상 이곳을 찾은 방문객의 수가 경쟁 관계에 있는 다른 미술관들을 압도합니다. 이는 테이트모던이 미술작품을 위한 특별한 공간이 아니라 시민들의 삶의 일부로 자리 잡았음을 의미합니다. 한마디로 테이트모던은 도시의 질적 성장을 보여주는 적절한 사례인 것입니다.

시민, 건강한 도시를 지키는 파수꾼

이야기를 정리하겠습니다. 도시는 긍정적이든, 부정적이든 끊임없이 변화합니다. 강연을 시작하면서 도시는 양적 성장과 질적 성장의 조화를 필요로 하고 그 과정에서 '도시의 정의'가 중요한 기준점 역할을 한다고 강조했습니다. 제가 오늘 보여드린 사례들에 담긴 공통적인 교훈은 각기 다른 방식이지만, 도시의 정의를 실현하기 위해서는 그곳에 사는 시민들을 생각해야 한다는 것입니다. 퐁피두센터, 빌바오 구겐하임미술관, 테이트모던은 모두 도시에 지어진 건축물이 과연 누구를 위한 것이고, 무엇을 위한 것인지 그리고 건축물과 주변의 공간이 어떻게 사용될 것인가에 대해 진지하게 고민하고, 노력한 결과물이라는 거죠. 이를 통해 이 세 건축물들은 도시의 질적 성장에 크게 공헌했습니다.

　이러한 결과가 정치인, 도시계획가, 건축가의 노력만으로 얻어진 것일까요? 이들의 결정만으로는 양적 성장은 가능하겠지만 질적 성장을 함께 이루기는 무척 힘듭니다. 따라서 지금부터라도 우리는 우리가 사는 도시에 새로운 건축물이나 공간이 만들어질 때, 그것이 과연 누구를 위한 것인지, 다시 말해 도시의 정의라는 측면에서 올바른 건축/공간인지를 따져봐야 합니다.

　도시의 정의라는 측면에서 따진다는 것은 그것이 진정으로 시민을 위한 것인가, 아니면 누구에게 보이기 위한 것인가, 혹은 정치인이 자신의 치적을 쌓기 위한 것인가를 판단한다는 것입니다. 이는 전적으로 여러분의 몫입니다. 여러분이 관심을 가지고 자신이 옳다고 생각하는 것에 목소리를 낼 때 비로소 도시는 살기 좋은 장소가 될 수 있습니다.

　도시의 정의는 엄격한 법적 기준이나 규정에 따라 실현되는 것이 아닙니다. 오직 여러분들의 관심과 고민 속에서 실현되는 것입니다. 여러분이 도시의 정의를 생각할 때 우리가 사는 도시는 훨씬 건강해질 수 있습니다. 도시를 건강하게 만드는 사람은 정치인도, 도시계획가도, 건축가도 아닌 시민들입니다. 시민들이 건강한 도시를 만들고, 지키는 파수꾼이 되어야 한다. 이것이 오늘 제가 도시의 정의를 강조하는 이유입니다. 감사합니다.

김정후

Q 예로 들어주신 세 개 도시에서 변화 후 삶의 질에 대한 지표 평가가 달라졌는지 궁금합니다.

A 수치상으로 50위에서 단숨에 3위나 4위가 될 수는 없습니다. 삶의 질을 평가할 때 통상적으로 가장 중요한 기준은 시민들의 만족도와 행복지수입니다. 여기에는 건강, 교육, 공공 공간 등의 세부적인 평가 항목이 있습니다. 당연히 변화가 있었습니다. 런던과 파리는 이미 일정 수준 이상의 도시 환경을 갖추고 있어서 점수가 확 달라지지는 않았지만 시민들의 만족도는 꾸준히 상승했습니다. 반면에 빌바오와 같은 경우에는 각종 수치가 실질적으로 대폭 상승했습니다. 대부분의 평가 항목에서 10단계 이상 상승했어요.

Q 우리나라에도 시민들을 위한 도시재생의 좋은 사례가 있나요?

A 물론 있습니다. 저는 유럽의 좋은 사례와 우리나라의 좋은 사례를 일대일로 비교하는 방식을 그리 좋아하지는 않습니다. 도시가 처한 상황이 모두 다르기 때문입니다. 다행인 것은 우리나라에서도 쇠퇴한 건물과 공간을 활성화하는 시도가 지난 10여 년 동안 활발하게 진행되고 있습니다. 예를 들어 여전히 해결해야 할 여러 문제가 있지만, 성수동이나 문래동 등은 좋은 방향으로 변화하는 중입니다. 제가 오늘 소개한 유럽의 사례와 우리나라의 상황은 짧게는 15년, 길게는 30년이 넘는 시간 차가 있습니다. 그동안 시민들을 위한 건물 자체는 양적으로 크게 늘었지만 질적인 측면에서는 여전히 초보 단계라고 생각합니다.

김정후

Q

그러면 건물들을 짓지 말고 질적 성장에 중요한 공원을 많이
만들면 되는 것 아닌가요?

A

도시는 적절한 균형이 필요합니다. 아무리 좋다 해도 질적 성
장만을 지나치게 강조하면 양적 성장을 저해하게 됩니다. 저는 양
적 성장은 무조건 나쁘고, 질적 성장은 무조건 좋다는 흑백논리
로 이야기한 것이 아닙니다. 다만 우리 도시가 그동안 지나치게
양적 성장에만 치중했으니 이제 질적 성장에 관심을 가지고 양
쪽의 균형을 맞춰야 한다는 것입니다. 도시에 공원이 많으면 좋
은가? 공원이 많으면 일단은 좋지만 공원만 있어서 되는 것은 아
닙니다. 공원도 누가 이용하는가를 철저하게 고려해 어디에, 어떤
방식으로 조성할지를 생각해서 만들어야 합니다. 이 또한 도시의
기타 시설과 균형을 이루어야 한다는 것입니다.

- -

Q

제가 성수동에 살기도 하고, 도시재생에도 관심이 많은 편인
데요. 보통 도시재생은 관 주도로 진행되고 있는 것 같아요. 시민
이 주도하는 도시재생은 가능하지 않은지 궁금합니다.

A

도시가 바뀌려면 일단은 관, 즉 공공 부문이 똑똑해야 합니

다. 하지만 균형을 이룬 지속적 성장은 공공이 주도하는 방식으로는 한계가 있습니다. 특히 도시재생은 민간 부문이 공공 부문과 어우러져 함께 성장을 도모해야 합니다. 제가 신문 인터뷰('도시재생 성공하려면 주민들에게 물어보세요', 〈한겨레〉, 2014년 12월 4일자)에서 도시재생에 성공한 도시는 민주주의의 수준이 높다는 점을 강조한 바 있습니다. 같은 맥락에서 도시의 정의가 실현된 도시는 민주주의의 수준이 높습니다. 오늘 제가 사례로 든 건축물들이 해당 도시에 완공되었을 때 얼마의 사람들이 찬성하고, 또 반대했을까요?

완벽한 성공, 특히 실험적인 시도에서는 의견이 분분할 수밖에 없습니다. 찬성과 반대를 아우르면서 시민들이 사랑하고 자랑스러워하는 건물과 공간으로 자리 잡았다는 것은 그만큼 공공과 민간 그리고 다양한 이해 당사자 간에 합의점을 도출하는 수준이 높았음을 의미합니다. 도시를 단순히 아름답고 화려하게 만드는 것이 아니라, 도시 안에 거주하는 시민들의 삶의 질을 높이려면 그만큼 다양한 사람들이 모여서 치열하게 논의하고 소통해야 합니다. 이러한 과정을 거치면서 민주주의의 수준과 도시재생의 수준이 동시에 발전합니다. 성수동에서 오셨다니 한 가지 이야기를 추가하면, 성수동은 현재 그야말로 도시재생의 한복판에 있습니다. 중요한 것은 이해 당사자들 간의 생각이 다를지라도 치열하

김정후

게 논의해 합의점을 만들어나가는 노력과 훈련이 반드시 필요하다는 것입니다.

Q 박사님의 강의를 들으면서 우리나라도 도시 정의를 위한 노력이 절실하다는 생각을 했습니다. 그런데 도시 정의를 어떻게 실천해야 할지는 잘 모르겠어요. 최근 동대문의 상황을 예로 들어볼게요. 상업 중심의 건물들이 밀집되어 있는 공간에 생뚱맞게 시민을 위한 공간이라고 DDP(동대문 디자인 플라자)를 만들었잖아요? 그런데 건물은 멋있지만 시민들이 그 공간을 원활하게 이용하게 만드는 능력은 갖추지 못했다고 생각해요. 이런 상황에서 시민은 어떤 일을 할 수 있을까요?

A 네, 한마디로 실천입니다. 오늘 제 강의를 들으러 오셨으니 여러분은 이미 도시 정의를 실천하고 계신 겁니다. '그랜드 마스터 클래스'가 진행된 지 3회 만에 도시에 대한 강의가 처음으로 포함되었다고 알고 있습니다. 제가 말씀드렸듯이 2007년을 기점으로 우리는 도시세대로 접어들었습니다. 이러한 혁명적 변화에도 불구하고 우리는 도시에 큰 관심을 두지 못했습니다.

첫 번째의 실천은 관심입니다. 두 번째의 실천은 참여입니다.

내 주변에서 어떤 일이 벌어질 때, 혹은 건물이 세워질 때 왜 만들어지는지, 그곳에서 나는 무엇을 성취할 수 있는지 고민해보세요. 오랫동안 우리 부모님 세대는 사는 곳 주변에 뭔가가 생기면 땅값을 계산했습니다. 이게 만들어지면 혹은 이게 지어지면 내 땅값, 집값 혹은 집세가 오를까, 내릴까? 이런 고민을 무조건 나쁘다고 할 수는 없지만 이렇게 해서는 우리 도시가 살기 좋은 곳으로 바뀔 수 없습니다. 우리가 사는 곳의 환경이 좋아질까, 나빠질까? 이런 데 관심을 갖고 참여해야 합니다. 그리고 만약 특정 집단이 자신들만의 이익을 위해 도시 환경을 주무른다면 어떻게든 막아야 합니다. 물리적인 충돌을 일으키라는 뜻이 아니라 민주주의의 테두리 안에서 반대를 강력하게 표시하자는 것입니다. 반면에 어느 특정 집단이나 개인의 이익이 아니라 다수의 시민들을 위한 결정이라면 박수치고, 응원해야 합니다. 이 모든 행위가 참여이고, 도시의 정의를 바로 세우는 길입니다.

정리하면, 관심을 갖고, 옳은 일에 박수치고, 나쁜 일을 비판하고, 이것만으로도 우리 도시는 충분히 건강하게 바뀔 수 있고, 그 건강한 도시에서 여러분 그리고 여러분의 가족이 행복하게 살 수 있습니다. 감사합니다.

김정후

기생충이
사라진 세상

안녕하세요. 기생충 박사 서민입니다. 저는 기생충 학자로 25년 동안 기생충과 함께 살아왔습니다. 알면 사랑한다는 말이 있지 않습니까? 그래서 저도 기생충을 사랑하게 되었고, 어느덧 기생충이 제 마음속 깊이 들어왔습니다. 그러다보니 사람들이 기생충을 욕의 수단으로 쓰는 게 굉장히 마음 아프더라고요. 왜 사람들은 기생충을 싫어할까요? 기생충에 감염되어서 그런 거라면 모르겠는데, 여러분들 중에 기생충에 감염된 분은 없지 않습니까. 감기는 모두 다 걸려보셨잖아요? 그리고 작년에 메르스MERS 때문에 우리가 얼마나 고생을 했습니까. 그렇다면 감기 바이러스나 메르스를 더 싫어해야 하는데, 기생충을 더 미워한단 말입니다.

또 사람들은 뇌가 없다는 이유로 기생충을 머리가 안 좋은 하등한 생물로 취급합니다. 하지만 기생충은 오래전부터 지구상에 존재해온 끈질긴 생명체입니다. 상어가 변을 본 것이 화석이 돼 발견됐는데 연대를 추정해보니 무려 2억 7천만 년 전의 것이었어요. 그런데 그 안에 기생충의 알이 잔뜩 들어 있지 뭡니까. 호모사피엔스가 지구상에 출현한 게 20만 년 전이니 기생충의 역사는 엄청난 것이지요. 이렇게 오랫동안 멸종하지 않고 살았다는 것은 기생충이 뭔가 한 방이 있다는 거예요. 거대한 공룡도 운석 충돌 한 방에 멸종했는데, 기생충은 지금도 우리와 더불어 살고 있습니다. 사람 몸에서는 조금 줄었을지 몰라도 야생동물의 몸에는 여전히 기생충이 많습니다. 기생충은 굉장한 생명력을 지닌 아이들입니다. 지금부터 기생충이 얼마나 대단한 생명체인지 보여드리겠습니다.

알고 보면 놀라운 기생충의 생존 전략

기생충의 생존 목적은 자손 번식입니다. 더 많은 자손을 낳고, 그 자손들이 잘 자라는 것. 이게 바로 기생충이 바라는 점입니다. 그런데 기생충의 생존 방식이 굉장히 특이합니다. 바로 사

머릿니   사면발이   진드기   빈대

모기   벼룩   옴진드기   촌충

거머리   선충류   회충류   디스토마

람블편모충   편충   주혈흡충   질편모

오랫동안 인류와 함께 살아온 기생충들.

기생충은 지금도 우리와 더불어 살고 있습니다.
사람 몸에서는 조금 줄었을지 몰라도 야생동물의 몸에는
여전히 기생충이 많이 있습니다.
기생충은 굉장한 생명력을 지닌 아이들입니다.

람 몸에 들어가서 알을 낳고 그 알을 부화시키면 기생충 입장에서도 편하잖아요. 그런데 기생충은 그런 방식을 택하지 않았습니다. 기생충의 알은 일단 사람의 몸 밖으로 나가서 흙 속에서 일정 기간 발육한 뒤 다시 사람에게 들어갑니다. 왜 기생충이 이런 방식을 선택했을까 생각해보니까 그게 다 크기 때문이더라고요. 만약에 기생충이 바이러스나 세균처럼 사람 몸속에서 수를 늘리면 어떻게 되겠어요. 사람도 힘들고, 기생충도 힘들겠지요. 기생충 중에는 몸길이가 5미터가 넘는 것도 있는데, 그런 것이 한 일주일마다 하나씩 수를 늘린다고 생각해보세요. 그래서 기생충으로서는 나름대로 합리적인 선택을 한 거라고 생각합니다.

과거에는 이 방식이 통했습니다. 인분을 비료로 썼기 때문이죠. 인분에 있는 기생충 알이 배추 같은 채소에 잔뜩 붙게 되고, 인간이 그 배추로 삼겹살을 싸먹으면 그 알들이 다 우리 몸속으로 들어가서 모자 상봉이 이루어집니다. 인분 비료가 있던 시절은 가히 기생충의 전성시대였어요. 기생충에 감염되지 않은 사람이 없었을 정도였죠. 아마 세종대왕도 기생충을 몸에 지닌 채로 한글을 창제하셨을 겁니다.(웃음)

그런데 현대에 들어와서 기생충의 생존이 암담해졌습니다. 수세식 변소가 생겼기 때문입니다. 지금은 변을 통해 알이 아무리 많이 배출되어도 변기에 물을 내려버리면 끝입니다. 정화조를 거쳐 하수처리장으로 직행하겠죠. 하수처리장까지 휩쓸려간 알들은 눈을 떠보면 황당합니다. 사방에 똥물이 있고, 엄마는 보이지도 않고, 내가 어떻게 해야 엄마를 찾아갈 수 있을지 고민하다가 결국 죽습니다. 기생충이 박멸된 데는 구충제의 역할도 있지만, 무엇보다 상하수도의 분리가 가장 큰 역할을 했습니다.

요충 암컷의 긴 여행

이런 상황에서 많은 기생충들이 기생충의 앞날에 대해 고민하기 시작합니다. 그중에서 요충은 나름대로 해법을 찾았어요. 어떤 해법이냐 하면, 애들은 알을 사람의 변에 섞어 보내지 않고, 몸에 저장합니다. 만 개가량의 알을 몸에 가득 채운 요충 암컷은 그때부터 긴 여행을 시작합니다. 맹장에 살다가 오름창자로 올라가 가로창자로 간 뒤 내림창자로 옵니다. 만삭의 몸으로 이런 여행을 하는 건 어마어마한 모성애가 아니면 불가능합니다. 특히 내림창자로 뛰어내리는 게 제일 힘든데, 깜깜한 와중에 낭떠러지로 뛰어드는 거잖습니까? 요충에 비하면 낙화암으로 뛰어내린 삼천 궁녀는 아무것도 아니죠.

그렇게 뛰어내린 요충은 항문 근처로 갑니다. 평상시에 항문이 닫혀 있는지라 요충은 항문 근처 직장에 대기하고 있습니다. 그런데 항문이 언제 열리느냐. 우리가 잠잘 때 기분이 좋으면 항문이 잠깐 열립니다. 그때를 틈타 잽싸게 밖으로 나온 요충은 엉덩이 근처를 돌아다니면서 만 개가량 되는 알을 뿌립니다. 그와 동시에 요충은 항문 근처를 가렵게 만드는 물질을 분비합니다. 이 물질을 왜 분비하느냐. 사람이 손으로 긁고 그다음 그 손에 알이 묻어야지 다시 사람 몸으로 들어갈 수가 있거든요. 그러니 요충에 감염됐을 때, 항문이 가려운 것은 좀 긁어달라는 요충의 간절한 절규입니다.

그러면 우리가 어떻게 해야겠어요? 항문 긁는다고 큰일 나는 건 아니니까 긁어줘야 합니다. 그런데 옷 위로 긁으면 아무 소용이 없습니다. 알만 깨집니다. 옷 속에 손을 넣어서 긁어야 합니다. 그런데 이런 건 아무도 없을 때 혼자서나 할 수 있습니다. 밖에서 저렇게 하다가는 다른 사람들에게 혐오감을 주기 십상입니다. 요충이 아이들을 좋아하는 이유는 바로 그런 것 때문입니다. 아이들은 언제 어디서나 자유롭게 항문을 긁을 수 있습니다. 그런 걸 보면 보는 사람의 마음도 시원해지죠. 게다가 아이들은 손가락을 입에 가져가기도 합니다. 이럴 때, 손에 묻어 있던 알들이 입으로 갑니다. 아이한테는 미안하지만, 요충도 살아야 하지 않겠습니까?(웃음)

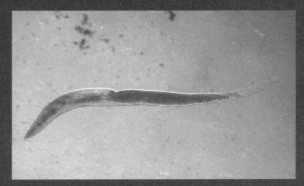
알을 가득 채운 요충 암컷.

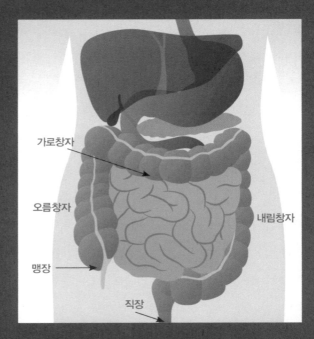

가로창자

오름창자

내림창자

맹장

직장

요충 암컷은 알을 몸 밖으로 내보내기 위해
만삭의 몸으로 긴 여행을 감행합니다.

숙주를 조종하는 기생충들

요충만 생존의 해법을 찾은 건 아닙니다. 여러분이 기생충 중에 가장 잘 아는 연가시는 다른 해법을 찾았습니다. 연가시는 물속에 살던 애들인데, 육지로 나오면서 곤충에게 몸을 의탁했죠. 하지만 원래 살던 곳은 물이어서 물속으로 가야지 짝짓기도 하고 알도 낳을 수 있어요. 그래서 연가시는 어떻게 했을까요? 연가시는 곤충으로 하여금 갈증이 일어나게 하는 단백질을 분비합니다. 갈증이 난 곤충이 물에 뛰어들도록 하는 거죠. 곤충이 물에 뛰어들면 유유히 빠져나와서 짝짓기를 하고, 알을 낳고, 행복하게 삽니다.

세상에는 연가시보다 더 머리가 좋은 애들도 많습니다. 리베이로이아Riberiroia라는 어려운 이름을 가진 기생충은 원래 개구리의 몸에서 유충기를 보냅니다. 하지만 이 기생충은 새에게 가야만 어른이 되고, 짝짓기를 할 수 있어요. 그러기 위해서는 이 기생충이 새한테 잡아먹혀야 합니다. 그런데 개구리가 펄쩍펄쩍 뛰면 새가 먹으려다가 포기할 수 있잖아요? 리베이로이아는 그런 불상사를 막기 위해 개구리 뒷다리를 더 만들어버립니다. 다리가 많으면 더 잘 뛰지 않을까, 라고 생각할 수도 있지만, 실제로 이런 개구리들은 점프를 하지 못하고 새들에게 금방 잡아먹힙니다.

사마귀를 물속으로 뛰어들게 한 연가시.

연가시는 곤충으로 하여금
갈증이 일어나게 하는 단백질을 분비합니다.
갈증이 난 곤충이 물에 뛰어들도록 하는 거죠.
곤충이 물에 뛰어들면 유유히 빠져나와서
짝짓기를 하고, 알을 낳고, 행복하게 삽니다.

리베이로이아에 감염된 청개구리 ©Science Museum London

개구리의 몸에서 유충기를 보낸 리베이로이아는
새에게 가야 번식을 할 수 있습니다.
그래서 개구리가 새에게 잘 잡아먹힐 수 있게
개구리 뒷다리를 더 만들어버립니다.

미네소타에서 이런 개구리가 대량으로 발견됐을 때, 환경론자들은 이게 환경오염 때문이라며 목소리를 높였습니다. 그런데 조사해보니 물이 너무 깨끗한 거예요. 그래서 원인이 뭘까 찾다가 개구리 다리를 잘라봤더니 그 안에 기생충이 득실대고 있었던 겁니다. 그래서 이게 다 기생충의 짓이라는 걸 알게 됐고, 기생충에 대한 존경심을 품게 됩니다.(웃음)

새조충은 가시고기에 사는 기생충인데, 얘네 역시 새에게 가야 짝짓기와 알 낳기를 할 수 있습니다. 그런데 가시고기는 찬물을 좋아해서 헤엄을 쳐도 물 깊은 곳에서만 칩니다. 새는 물 깊은 곳에 갈 수가 없잖아요. 이걸 어떻게 해결할까요? 결국 이 기생충은 가시고기로 하여금 찬물이 아닌 따뜻한 물을 좋아하게 만들어요. 그래서 가시고기가 물 밑바닥이 아니라 수면 근처에서 헤엄을 치게 만들죠. 그러면 새가 저거다, 하고 와서 가시고기를 먹고 이 기생충은 자기 뜻을 이루게 됩니다.

숙주를 속이는 기생충들

류코클로리디움Leucochloridium이라는, 저도 잘 발음이 안 되는 기생충은 달팽이에 붙어서 유충기를 보냅니다. 이 기생충도 새

류코클로리디움에 감염된 달팽이 ⓒGilles San Martin

새가 달팽이를 먹지 않자 난감해진 기생충들은
아이디어를 냅니다. 기생충들이 달팽이의
더듬이로 들어가서 그 부분을 애벌레처럼 보이게 합니다.
게다가 꿈틀거리기까지 하면 새는 이걸 애벌레로 착각하고
달팽이를 먹게 됩니다.

에게 가서야 어른이 되고, 짝짓기도 하고, 알도 낳습니다. 그런데 새가 달팽이를 안 먹습니다. 껍질이 부담스럽잖아요. 새가 달팽이를 먹지 않자 난감해진 기생충들은 아이디어를 냅니다. 기생충들이 달팽이의 더듬이로 들어가서 그 부분을 애벌레처럼 보이게 합니다. 게다가 꿈틀거리기까지 하면 새는 이걸 애벌레로 착각하고 달팽이를 먹고, 기생충은 자신의 뜻을 이루게 됩니다. 굉장히 머리가 좋죠?

개미선충이란 기생충도 비슷한 전략을 씁니다. 이 기생충은 개미의 배 안에 있습니다. 개미선충은 그 안에서 수많은 알들을 낳습니다. 그런데 이 알들이 개미의 배 밖으로 나가는 통로가 없어요. 알을 밖으로 내보내려면 어떻게 할까요? 새가 개미를 먹어줘야 합니다. 먹고 난 뒤 다른 곳으로 날아가 변을 볼 때 개미선충 성충은 죽더라도 알들이 변으로 나가서 땅에 떨어지고, 그 알을 다른 개미가 먹을 수 있는 거죠.

그런데 새는 개미를 먹지 않습니다. 왜 안 먹을까요? 먹어도 씹을 만한 게 없고, 맛도 없습니다. 그래서 이 개미선충은 머리를 씁니다. 이 기생충이 사는 지역의 새들은 딸기를 좋아합니다. 그래서 기생충들은 새가 딸기를 좋아한다는 걸 이용해 개미를 딸기처럼 보이게 합니다. 처음 이 기생충이 발견된 바로콜로라도Barro Colorado 섬에 왔던 학자들은 아, 이 섬에 개미가 두 종류가 있구나, 하나는 배가 빨간 거, 다른 하나는 배가 까만 거. 그런데 알고 보니 기생충 때문에 일부 개미의 색이 변했던 겁니다. 기생충을 존경하지 않을 수 있겠습니까? 실제로 이 개미들이 딸기랑 섞여 있으면 사람도 잘 구분이 안 가는데, 새가 어떻게 구분을 하겠습니까? 그래서 새들은 이 개미를 먹고, 기생충은 뜻을 이룹니다.

창형흡충Dicrocoelium dendriticum이라는 기생충도 있어요. 이 기생충은 개미에 붙어살아요. 개미의 몸에서 유충기를 보내고 난 뒤에는 소나 양한테 먹혀야 어른이 되고, 짝짓기도 하고, 알도 낳을 수 있습니다. 그런데 소가 개미를 먹지 않잖아요. 그러면 이 창형흡충은 어떻게 소에게로 갈까요? 개미선충과 같은 전략을 쓸까요? 아닙니다. 창협흡충의 유충 하나가 개미의 뇌로 들어갑니다. 이 유충이 개미의 뇌를 조종하고, 기생충의 명령을 받은 개미는 소가 즐겨 먹는 풀로 이동하게 되고, 거기서 소가 잡아먹을 때까지 하루 종일 매달려 있습니다.

만약 잡아먹지 않으면 어떻게 할까요? 그냥 내려와서 자기 숙소로 갑니다. 다른 개미가 물어보죠. '너 오늘 어디 갔었어? 하루 종일 안 보이더라.' 얘는 기억을 못합니다. '아, 그냥 산책 갔었어.' 이렇게 이야기하고 다음 날이 되면 또 그 풀에 매달려 하루 종일 있습니다. 중요한 건 그렇게 해서 개미가 소한테 먹히면 다른 유충들은 다 어른이 돼 자손을 낳지만, 뇌로 간 유충은 죽습니다. 남들을 위해 희생하는 거죠. 이게 기생충을 만만히 봐서는 안 될 이유입니다.

인간을 조종하는 메디나충

마지막으로 메디나충Dracunculus medinensis은 인간을 조종하는 기생충입니다. 메디나충은 사람의 배 근육에 사는 기생충이에요. 하지만 원래 물에 살던 애들이라 물속에 가야 새끼를 낳을 수 있습니다. 연가시가 하는 것처럼 사람한테 갈증을 유발했을까요? 아마 그렇게 했을 겁니다. 그런데 사람은 갈증이 나면 그냥 물을 마십니다. 사람을 물로 끌어들이는 게 쉽지 않아요. 그래서 메디나충은 긴 모험을 시작합니다.

사람은 더우면 열을 식히려고 호수나 연못에 발을 담그곤 하잖아요. 메디나충은 그걸 이용합니다. 일단 배에서부터 복숭아뼈 근처까지 정말 긴 여행을 합니다. 삽 한 자루도 없이 어떻게 그 치밀한 조직을 뚫고 발까지 가는지⋯⋯ 정말 대단한 애들입니다. 그래서 발까지 가면 발에 물집을 만들어요. 그러면 뜨거운 열기를 느낀 사람이 물에 발을 담그게 되는데, 그렇게 하면 뜨거움이 싹 가신다고 합니다. 그 순간 메디나충은 물집을 터트리고 물에 몇 만 마리가 넘는 유충을 풀어놓습니다. 다시 말해 이건 사람을 조종하는 기생충이죠.

이 기생충이 악명을 떨치는 이유는, 얘들이 터널을 팔 때 여유 있게 파지 않고 자기 몸 하나 겨우 빠져나갈 정도로만 터널을 뚫어서 치료를 어렵게 한다는 데 있습니다. 메디나충이 새끼를 낳으려고 머리를 내밀면 사람은 그제야 자기 몸에 기생충이 있다는 걸 알게 되잖아요. 그래서 꺼내려고 하는데, 손으로 확 잡아당기면 이게 중간에 끊어져버리고 죽은 기생충의 잔해에서 단백질이 흩어집니다. 그러면 상처 부위로 면역세포들이 달려와요. 격렬한 염증 반응이 일어나고 숙주인 사람은 다리가 끊어지는 고통을 느끼게 됩니다. 차라리 발을 잘라달라고 할 정도로 통증이 심해요. 그래서 이걸 치료하기 위해서는 메디나충을 잘 달래가면서 하루에 10센티미터, 20센티미터씩 해서 한 일주일 내지 열흘 정도 성냥개비에 천천히 감아 빼내야 합니다. 이것 때문에 악명을 떨치게 된 거예요.

사람보다 나은 기생충

우리가 기생충을 무작정 미워만 해서는 안 되는 이유는 이들의 삶에서 사람이 배울 만한 점이 많기 때문입니다. 아까 기생충의 목표가 자손 번식이라고 했잖아요? 그 목표를 이루기 위해 기생충들은 지금까지 본 것처럼 기상천외한 아이디어를 냅니다. 숙주를 속이고 조종하는 모습을 보면 정말 놀랍지 않습니까? 이렇게 되기까지 이들은 수없이 아이디어 회의를 하고, 시행착오를 거쳤을 것입니다. 한 가지 확실한 건 이런 생존 전략을 혼자 힘으로 세운 건 아니라는 겁니다. 브레인스토밍처럼 각자 아이디어를 내서 이렇게도 해보고, 저렇게도 해보고 시행착오를 거쳐 최적의 방법을 발견했을 거라고 생각합니다. 기생충들이 거의 모든 야생동물의 몸에서 아직 잘 살고 있는 건 다 이런 노력 덕분이지요.

그런데 우리는 어떻습니까? 우리 사회를 '헬조선'이라고 진단하며 이곳에서 살아남으려는 사람들의 노력을 폄하합니다. 젊은이들이 대학을 나와도 취업하기 어려운 시대이고 어렵사리 일자리를 구해도 비정규직인 경우가 많다는 점에서 저는 우리 사회를 헬조선이라고 부르는 데 전적으로 동의합니다. 하지만 그뿐입니다. 헬조선을 엔젤조선까지는 아니더라도 사람이 웬만큼 노력하면 먹고살 수 있는 사회로 바꾸려면 어떻게 해야 하는지 고민해야 하는데, 지금 젊은이들에게선 그런 움직임이 잘 보이지 않습니다. 지금이 아무리 어려운 상황이라고 해도 숙주인 곤충을 물로 보내기 위해 고민하던 연가시만큼 절망적인 상황은 아니지 않을까요? 연가시가 했던 노력만큼만 해보자고요. 노력만 가지고 되는 게 아니라고요? 물론 그렇습니다. 혼자 노력해선 달라지는 게 없겠지요. 연가시의 기적도 한 마리가 이뤄낸 게 아닙니다. 수백 년, 수천 년 동안 수많은 연가시가 모여서 생존에 대한 대책을 논의한 결과 얻은 것이 '곤충을 목마르게 하는 단백질 합성'이었습니다.

　연가시는 수백, 수천 년이 걸렸지만, 만물의 영장인 사람은 연가시보다 훨씬 더 잘 해낼 수 있지 않겠어요? 젊은이들 여럿이 모여 대책을 논의하다보면 뭔가 좋은 생각이 나지 않겠습니까? 예를 들어 '청년을 위한 모임'이 인터넷에 만들어지고, 회원이 백만 명이 된다고 합시다. 그 숫자를 바탕으로 기업에다 이렇게 얘기할 수 있어요. '너희 기업은 왜 정규직 사원을 뽑지 않느냐? 우리 회원들은 너희가 만든 제품을 불매운동하겠다.' 또는 '너희 기업은 정규직을 뽑는구나. 너희 물건을 우선적으로 사주마.' 회원수가 많을수록 그 영향력은 커지겠지요? 정치권에 압력을 넣을 수도 있어요. '젊은이의 일자리를 위해 노력하는 정당에게 투표하겠다'고 하면, 어느 정당이 그 목소리를 외면할 수 있을까요? 자신들의 문제를 대변하고 해결책을 만들어줄 젊은 친구를 국회로 보내는 것도 얼마든지 가능합니다. 제가 잠깐 생각하는 것도 이 정도인데, 여러분들이 모여서 의견을 낸다면 훨씬 더 좋은 의견이 나오지 않겠습니까?

기생충을 무작정 미워만 하지 말고 그들과 친하게 지내다 보면 배울 게 이렇게 많습니다. 또 하나 더 이야기해볼까요? 시모토아Cymothoa exigua라는 기생충이 있습니다. 이 기생충은 물고기의 혀 옆에 자리를 잡은 뒤 혀로 가는 혈관에 입을 박고 피를 빨아먹습니다. 물고기의 혀는 피가 모자라 썩게 되고, 결국 떨어져 나가게 됩니다. 여기까지만 보면 시모토아는 굉장히 나쁜 기생충이에요. 하지만 누구나 실수는 할 수 있다는 점에서, 똑똑한 이와 그렇지 않은 이는 오히려 실수를 한 다음에 어떻게 이를 만회하느냐에 따라 구별됩니다.

시모토아는 자기 때문에 물고기의 혀가 떨어진 것에 굉장히 미안해합니다. 그래서 물고기에게 말합니다. "물고기야, 정말 미안하다. 내가 큰 잘못을 저질렀구나. 하지만 걱정하지 마라. 내가 너의 혀가 돼줄게." 실제로 시모토아는 물고기의 혀 위치로 자리를 옮긴 뒤 혀의 역할을 잘 수행합니다. 물고기의 혀는 사람과 달리 대단한 역할을 하는 것은 아닙니다. 입에 들어온 먹이가 다시 나가지 않게 해주는 정도의 역할을 합니다. 시모토아는 그 일을 아주 잘 수행해냅니다. 그런데 그게 제법 도움이 되는지, 혀가 잘린 물고기와 혀가 잘렸지만 시모토아가 들어가 있는 물고기를 장기간 관찰해보면 전자는 체중이 빠지는데 후자는 정상 체중을 계속 유지한다고 하네요.

시모토아에 감염된 물고기ⓒMarco Vinci

시모토아는 물고기의 혀로 가는 혈관에 입을 박고
피를 빨아 물고기의 혀를 썩게하지만,
대신 그 자리에서 물고기의 혀 역할을 해줍니다.

우리 사회가 혼탁한 이유 중 하나가 바로 잘못한 점에 대해 사과를 잘 안 한다는 것입니다. 특히 사회 지도층일수록 더 심한데, 명백히 약속을 어겨놓고선 '공약 파기가 아니다'라고 우긴다든지, 자신이 사과하는 대신 다른 사람이 대신 사과하게 한다든지, 하는 일들이 굉장히 자주 일어납니다. 사과가 왜 필요하냐면 반성을 통해 자신을 다시 한번 돌아보고 또다시 비슷한 잘못을 저지르지 않기 위해서입니다. 시모토아처럼 온몸을 바쳐서 사과하는 것까지는 바라지 않더라도, 진정으로 미안하다는 모습 정도는 보여야 그로 인해 상처 입은 사람들의 마음이 좀 풀리지 않겠습니까? 그렇게 본다면 우리 사회는 시모토아의 정신이 필요합니다. 시모토아가 그려진 배지를 달고 다니고, 곳곳에 시모토아 동상을 세워 진정한 사과가 무엇인지 계속 환기시킬 필요가 있어요.(웃음)

주혈흡충의 행복한 가정생활 비법

마지막으로 귀감이 될 기생충을 하나만 더 소개해보죠. 주혈흡충이라는 기생충인데요. 이 기생충은 혈관 속에 사는 디스토마라고 해서 주혈흡충이라는 이름이 붙었습니다. 이들은 하등동물 중에서는 거의 유일하게 일부일처를 유지하고 있는 신기한 기생충입니다.

보통 기생충은 암컷이 더 큰 경우가 많아요. 몸에 알을 가득 채워야 하니까요. 그런데 주혈흡충의 경우는 수컷이 더 커요. 하는 일이 많거든요. 우선 수컷은 몸에 터널을 파고 암컷이 원할 때 언제든지 들어가 있게 합니다. 먹을 것도 수컷이 다 구하고, 이동할 때는 암컷을 몸 안에 넣고 다닙니다. 그래서 수컷의 기골이 아주 장대합니다. 혈관에 살다보면 혈류의 흐름에 맞서서 움직일 때도 있으니 근육이 발달해야 하잖아요. 반면 수컷이 암컷에게 요구하는 것은 아주 소박합니다. '내 아이를 낳아줘.' 암컷이 하는 일은 알을 낳는 게 전부입니다. 알을 낳아도 자기가 키우는 게 아니라 외부로 내보내니, 의식주를 혼자 해결해야 하는 다른 암컷들보다는 일을 덜 하는 셈이지요. 그래서 암컷은 근육 하나 없이 날씬합니다.

여기서 우리가 뭘 배울 수 있을까요? 수컷이 집안일을 많이 하면 암컷이 편하고, 가정도 화목해진다는 것이지요. 지금 우리 사회의 젊은이들은 점점 결혼을 기피하고 있습니다. 취업이 안 되는 등 현실이 녹록치 않은 것이 결혼을 기피하는 첫 번째 이유겠지만, 그게 다는 아닙니다. 여성들이 일을 통해 자아를 실현하려는 경향이 과거보다 높아졌어요. 맞벌이 가정의 비율이 50퍼센트를 훌쩍 넘지 않았습니까? 과거 남편 혼자 가정 경제를 책임지던

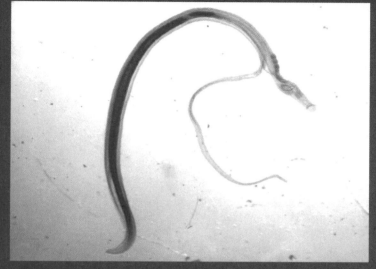

주혈흡충의 암수 성충.

보통 기생충은 암컷이 더 큰 경우가 많아요.
몸에 알을 가득 채워야 하니까요.
그런데 주혈흡충의 경우는 수컷이 더 커요.
하는 일이 많거든요. 우선 수컷은 몸에 터널을 파고
암컷이 원할 때 언제든지 들어가 있게 합니다.
먹을 것도 수컷이 다 구하고,
이동할 때는 암컷을 몸 안에 넣고 다닙니다.
그래서 수컷의 기골이 아주 장대합니다.

시절에는 여자들이 집안일을 하고 아이를 키우는 게 당연시됐어요. 그런데 지금 같은 맞벌이 시대에는 남자들도 집안일을 하는 게 맞아요. 여성들이 바깥일을 하면서 가사와 육아까지 모두 다 하는 건 불가능하니까요. 그래서 웬만한 나라들은 남성이 집안일을 분담하는 게 상식이에요.

그런데 그 상식이 우리나라에서는 통하지 않고 있습니다. 우리나라 남성이 집안일을 하는 시간이 거의 세계 최하위랍니다. 맞벌이나 외벌이나 남성들의 집안일 분담 비율이 차이가 없다는 것은 심난한 일입니다. 그렇다고 육아를 분담하느냐면, 우리나라 남성이 아이와 놀아주는 시간은 하루 6분으로 역시 세계 최하위입니다. 회사 일로 힘들고 지쳐서 그럴 수도 있지만 이건 좀 심한 결과인 것 같습니다. 그래도 아내에게 미안한 마음이라도 가지면 개선의 여지라도 있겠지만, 그런 것도 아닙니다. '남자가 돈 더 많이 벌잖아'라는 논리로 집안일을 외면하는 것을 변명합니다. 심지어 '남자는 군대 가잖아'라는 전가의 보도를 휘두르기도 합니다.(웃음)

가사나 육아 이외에도 여자가 결혼하면 신경 쓸 일이 한두 가지가 아닙니다. 남자는 처가를 모시는 일이 드문데, 여자는 시댁을 모시잖아요. 장모님 간병을 하는 사위는 없어도 시어머니 간병을 하는 며느리는 흔하디 흔합니다. 그러다보니 여자들이 직장에서 제대로 일하기가 어렵습니다. 애들이 어릴 때는 잠시 직장을 떠나 있기도 하는데, 그러면 회사에서 승진하는 건 불가능해요. 이걸 '마미 트랙mommy track'이라고 부른다지요. 이런 상황이다보니 일로 성공하고픈 여성들은 점점 결혼을 기피하게 됩니다. 가사와 육아를 분담하는 남성을 만날 확률이 거의 로또 맞을 확률에 수렴하니, 차라리 독신으로 살면서 그 자유를 즐기는 것을 선택하는 여성이 늘어나는 겁니다.

실제로 결혼을 안 하겠다고 하는 사람의 성별을 보면 여성이 남성보다 더 많아요. 그래서 주혈흡충 정신이 필요합니다. 자기 아내를 사랑하니까 집안일을 하는 게 아니라, 결혼해서 같이 사는 이상 집안일은 내 일이다, 라는 마음이 남성들에게 자리 잡아야 해요. 이건 어려서부터 교육이 중요하기도 합니다. 학교에서도 남편이 해야 할 일로 가사와 육아를 가르치고, 집안에서도 주혈흡충 포스터를 붙여놓고 아들에게 교육을 해야 해요. 저희 어머니도 그랬지만 우리 어머니들은 "남자가 부엌에 왔다 갔다 하면 고추 떨어진다" 같은 농담을 하면서 아들에게 집안일을 안 시켰잖아요. 그 어머니들이 집안일을 잘하는 주혈흡충의 고환 숫자가 무려 일곱 개나 된다는 걸 알면 더 이상 그런 농담을 안 하실 거예요. (웃음)

서민

기생충과 면역계의 관계

이것 말고도 우리가 기생충을 미워하지 말아야 할 이유가 더 있어요. 요즘 알레르기 환자들이 굉장히 많지요? 우리나라에서 알레르기 환자가 늘어난 건 1990년대부터입니다. 그때 무슨 일이 있었던 걸까요? 1992년도의 조사에 따르면 80퍼센트가 넘던 한국인들의 기생충 감염률이 처음으로 5퍼센트 미만으로 떨어졌습니다. 이게 비단 우리나라만의 일이 아니라, 기생충이 박멸된 나라에선 대부분 이런 알레르기 환자가 늘어났어요. 기생충과 알레르기는 도대체 무슨 상관이 있을까요?

면역계는 항상 적을 필요로 합니다. 원래 면역계라는 것이 외부의 적으로부터 우리 몸을 지키는 군인과 같은 것이니, 적이 있어야 더 긴장의 끈을 놓지 않겠지요. 아주 오랫동안 면역계는 기생충을 적으로 생각해왔어요. 전투력을 발휘하고 싶으면 몸으로 침투한 기생충한테 몰려가서 싸웠습니다. 세균이나 바이러스는 크기가 작아서 싸우는 게 별 재미가 없거든요. 그런데 기생충이 없어지니 면역계가 갑자기 공황상태에 빠집니다. 이제부터는 누구랑 싸워야 하나, 하는 생각을 하게 된 거죠. 그러다보면 평소에는 눈여겨보지 않던 꽃가루나 집먼지진드기 같은 것들에도 예민하게 반응하게 됩니다. 이게 바로 알레르기의 원인입니다.

더 무서운 일도 있습니다. 알레르기는 피부나 점막 등 외부에 노출된 곳에서 면역계가 증상을 일으키는 것이지만, 간이나 혈관, 췌장, 뇌신경 등 중요한 곳을 면역계가 공격하는 경우도 있는데 이것을 자가면역질환이라고 합니다. 외부에서 침범하는 게 아니라 우리 면역계가 괜히 흥분해서 자기 몸을 공격하니 약을 쓰기도 어렵습니다. 기생충이 없어진 뒤 우리나라에선 자가면역질환 환자가 갈수록 늘고 있어요.

저의 고등학교 때 친구 하나가 '베게너씨 육아종Wegener's granulomatosis'이라는 병 때문에 세상을 떴는데요, 우리 몸의 항체가 혈관을 공격하는 이런 병은 30년 전까지만 해도 이름조차 들어보지 못했잖아요. 그래서 요즘 연구자들이 기생충을 이용해서 알레르기, 그리고 자가면역질환을 고치는 연구를 활발히 하고 있어요. 기생충이 몸에 들어오면 면역계가 '어? 저 친구가 다시 왔네?'하면서 우리 몸을 공격하던 것을 그만두고 격한 반가움에 휩싸여 기생충한테 몰려가거든요. 연구 결과를 보면 이런 치료법이 실제로 효과가 있다고 합니다. 아직 식약청의 승인을 받아 정식 약으로 등록되진 못했지만, 외국 회사에선 이미 기생충의 알이나 유충을 팔고 있어요. 그걸 사먹고 증상이 좋아졌다는 분들이 우리나라에도 몇 분 있습니다.

그뿐 아니라 장기이식에서도 기생충이 나름의 역할을 하는 것으로 알려져 있어요. 이게 무슨 말이냐면, 신장 이식을 예로 들어보죠. 다른 이의 신장을 이식했을 때, 우리 면역계는 그 신장을 이물질로 분류하고 공격을 시작합니다. 그래서 10년 정도 지나면 더 이상 그 신장을 쓸 수 없게 되고, 다시 신장을 이식받아야 해요. 그런데 기생충을 신장 이식할 때 같이 넣어주면 면역계가 기생충에게 정신이 팔려 이식된 신장을 덜 공격하거든요. 이 경우 이식된 신장의 수명이 이십 년 정도로 늘어날 수 있어요. 놀랍지 않습니까? 이런 사례들을 보고 나니 기생충을 무조건 박멸하는 것이 꼭 좋은 일인가라는 생각이 들지요? 우리 몸속에서 밥이나 축내며 우리에게 피해를 준다고 생각했던 기생충이 알고 보면 나름대로 열심히 자기 삶을 살아가는 생명체이고, 또 알게 모르게 우리 인간에게 도움을 주고 있었던 겁니다.

기생충 정신을 배우자

사정이 이러니 기생충은 해롭다, 라는 말도 재고되어야 하지만, 이롭고 해롭다는 말에 대해서도 생각을 해봐야 합니다. 우리가 해로운 것과 이로운 것을 가르는 기준은 철저하게 인간 중심적 사고에서 나온 것입니다. 하지만 지구가 인간만의 것이 아니며,

인간에게 이롭다고 해서 꼭 좋은 것이냐는 것에 대해서는 우리가 좀 생각을 해봐야 해요. 인간만큼 지구에게 악영향을 끼치는 존재도 없으니까요. 우리가 생산하는 양식이 전 지구인을 다 먹일 만큼 충분한데도 불구하고 인간들은 계속 성장해야 한다는 이유로 지구를 망가뜨리고 있잖아요. 그런 우리가 기생충을 해롭다고 욕한다는 건 문제가 아주 많아요. 오히려 우리가 기생충을 모델로 우리 삶을 보다 살 만한 곳으로 바꿔야 합니다. 여러분, 기생충을 그만 미워합시다. 그 대신 기생충 정신을 배웁시다. 공존을 모색하는 기생충 정신이 사회 전체로 퍼져나간다면 우리 사회가 훨씬 좋은 사회가 될 수 있습니다.

Q 기생충이 지구상에서 완전히 멸종된다면 어떤 일들이 벌어질까요?

A 이건 확신할 수 있는데요. 기생충이 완전히 멸종되기 전에 인간이 먼저 지구상에서 사라질 거예요. 그러니 우리가 기생충을 걱정할 일은 없을 것 같네요.

- -

Q 인간 중심적인 사고를 지적하시기도 했지만, 교수님의 강연을 듣고 인간을 위해서라도 기생충은 존재해야 한다는 생각을 하게 됐습니다. 그렇다면 인간의 건강이나 생태계 보존을 위해서 우리는 어떻게 기생충을 보호해야 할까요?

A 지구가 45억년을 사는 동안 수많은 종이 만들어지고, 또 없어졌습니다. 환경이 변하면 기존의 종이 없어지고 새로운 종이 나타나는 것은 당연한 일입니다. '보호'라는 것도 사실 인간 만능론의 유산인 것이지요. '보호'라는 명목하에 멸종될 뻔한 동물 몇 마리를 동물원에 가둬두는 것이 어떤 의미가 있는지 저는 잘 모르겠어요. 기생충이 사람에게서 퇴출되고 있는 것은 경제발전과 그에 따른 위생 수준의 향상에 기인한 것인데, 우리가 기생충을 위해 이 흐름을 거꾸로 돌리기는 어려울 것 같습니다. 기생충이 인간의 건강에 필수 불가결하다면 기생충 몇 종을 키워서 인간의 몸속에 넣고 키우는 것 정도는 가능하겠지요. 하지만 역사와 전통이 깊은 기생충을 겨우 20만 년밖에 안 된 인류가 보호한다는 게 좀 이상하네요. 전혀 가능하지 않은 일입니다.

서민

상실의 시대를 위한
제언

안녕하세요. 이진우입니다. 우리는 오늘 '상실의 시대'의 삶의 문제를 고민하고 성찰하기 위해 이 자리에 모였습니다. 상실의 시대에 우리는 어떻게 살아야 할까요? 이 물음에 답하려면 우선 상실의 시대가 어떤 시대인지 짚고 넘어가야 할 것 같습니다. 상실의 시대는 어떤 시대일까요?

현대사회의 메가트렌드, 개인주의

'상실의 시대'는 원래 있던 것이 사라진 시대를 말하는 것이 겠죠. 그래서 이전보다는 가벼워진 시대를 의미합니다. 여러분도 잘 아시는 밀란 쿤데라의 《참을 수 없는 존재의 가벼움》에서 '가벼움'은 상실의 시대를 대표하는 키워드입니다. 있던 것이 사라졌으니 가벼워지는 것은 당연합니다. 그렇다면 무엇이 사라진 것일까요? 지금까지 우리를 짓누르던 전통 규범과 온갖 관습, 무거운 가치들이 사라진 것입니다. 그리고 인간은 집단의 한 구성원에서 개인으로 재탄생했습니다. 그런데 왜 우리는 상실의 시대를 부정적으로만 보는 걸까요? 왜 우리는 더 가벼워지면 안 되는 걸까요? 왜 우리는 개인으로 살아가면 안 될까요? 이 도전적 질문을 제가 좋아하는 철학자 프리드리히 니체의 말로 시작하고자 합니다. 프리드리히 니체는 18세기에 등장한 개인에 대해 이렇게 말했습니다.

하나의 종족이 발생하고, 하나의 유형이 고정되고 강해지는 것은 본질적으로 똑같은 불리한 조건들과의 오랜 투쟁 아래서이다. 반대로 너무 풍부한 영양이 주어지고 대체로 지나치게 보호하고 신중한 종족들은 곧 강력한 방식으로 유형이 변형되는 경향이 있고, 기괴한 것이나 기형적인 것도 대단히

만드는 사실을 우리는 양육자의 경험에서 알게 된다. (…) 좀
더 고귀한 것, 좀 더 섬세한 것, 좀 더 희귀한 것으로 변하는
변질이든 퇴화나 기형이든, 인간 유형의 변화는 갑자기 가장
풍부하고 화려하게 무대 위에 나타나고, 개인은 감히 개체적
으로 존재하고자 하며 스스로를 드러내고자 한다.

　　　　　　　　　－프리드리히 니체,《선악의 저편》(책세상, 2002) 중에서

　니체는 근대화 과정에서 개인이 출현하는 순간을 이렇게 묘
사하고 있습니다. 니체는 근대화를 통해 인간 유형이 변하고 있다
고 진단합니다. 개인의 탄생이 변질인지 아니면 퇴화인지는 아직
알 수 없지만, 과거에는 집단과 공동체에 종속되었던 인간들이 이
제는 개인화되어 역사의 무대에 화려하게 등장하게 되었다는 것
입니다. 이런 맥락에서 보면 사회가 근대화되었다는 것은 또한 우
리가 개인화되었다는 것을 의미합니다. 그럼에도 많은 학자들은
개인을 부정적으로 생각하고, 개인주의를 두려워합니다. 니체도
이런 경향을 알아차린 것 같습니다. 그는 이렇게 말했습니다.

　위험한 개인들이 우글거리고 있다. 그리고 그것들의 배후에
　는 위험 중에 위험, 즉 개인이 있다.

　　　　　　　　　－프리드리히 니체,《아침놀》(책세상, 2004) 중에서

이진우

사람들은 무리와 집단을 두려워할 것 같은데 오히려 개인의 출현을 의심의 눈으로 바라봅니다. 더없이 약한 인간이 지구를 지배할 수 있게 된 것은 집단을 이루고 살아왔기 때문일 텐데요. 이처럼 너무 오랫동안 집단주의에 길들여진 탓인지 사람들은 개인주의를 공동체에 대한 공적으로 간주하곤 합니다. 저는 오늘 이러한 일반적 편견에 커다란 의문부호를 붙이고자 합니다. 우리가 보다 더 개인주의자가 되고자 할 때 우리가 속한 사회와 우리 삶이 훨씬 더 다양해지고 풍요로워질 수 있다는 것을 여러분과 함께 공감해보고자 합니다.

오늘 여러분께 들려드리고 함께 생각하고 싶은 네 가지 명제가 있습니다.

첫째, 21세기는 개인주의의 시대다.
둘째, 가벼운 개인만이 창조를 할 수 있다.
셋째, 개인이 없는 사회는 위기를 초래한다.
넷째, 더 많은 개인주의가 대안이다.

첫 번째 명제는 우리가 살고 있는 시대를 어떻게 규정하느냐와 관련이 있습니다. 우리 사회를 성찰하기 위해서는 우리가 어떤 시대를 살고 있는지 정확하게 꿰뚫어봐야 합니다. 둘째 명제는 변화하는 사회에 대한 우리의 태도를 말해줍니다. 사람은 가볍지 않으면, 유연성이 떨어지고 탄력적이지 못하게 됩니다. 그러면 새로운 가치도 만들어내지 못하고 새로운 아이디어를 낼 수도 없습니다. 셋째 명제는 현재 우리의 현실을 말해주는 명제라고 할 수 있습니다. 만약 우리 사회가 개인이 없는 사회라면, 사회 개혁의 대안은 넷째 명제에서처럼 '더 많은 개인주의'일 수밖에 없습니다.

현대사회를 지칭하는 수많은 말들이 있습니다. 막스 베버Max Weber는 현대는 도구적 합리성이 지배하고, 사람들이 이익만을 추구한다고 진단했습니다. 합리화는 현대의 증후입니다. 사회학자 탤컷 파슨스Talcott Parsons는 현대사회의 특징으로 '분화'를 꼽았습니다. 기능적으로 분화된 사회가 바로 현대사회라는 것입니다.

그렇다면 시대정신을 포착하는 철학적 관점에서 볼 때 현대사회의 특징은 무엇일까요? 21세기는 두말할 나위 없이 '개인주의'의 시대입니다. 주체로서의 개인이 최초로 출현한 르네상스 이래로 사회의 무게중심은 공동체에서 개인으로 지속적으로 옮겨가고 있습니다. 개인이 세계의 중심이 된 것입니다.

그런데 '개인주의'라는 말을 들었을 때 우리는 부정적인 생각을 떠올리나요, 긍정적인 생각을 떠올리나요? 학생들에게 강의를 하면서 설문조사를 해봐도 그렇고, 지금 여러분들의 찬반 숫

이진우

자를 봐도 그렇고, 우리 사회에서는 개인주의에 대한 찬반 비율이 거의 80 대 20입니다. 왜 우리는 개인주의에 대해 부정적인 생각을 하는 것일까요? 공동체 윤리가 타락했다, 공동체가 붕괴하고 있다, 규범이 상실되고 사회는 아노미 상태에 빠져들었다, 모든 사람들이 공동선을 추구하기보다 개인의 쾌락과 행복만을 추구한다. 이런 모든 상황의 원인이 무엇이냐, 하고 물어보면 대부분의 사람들은 그 원인이 개인주의에 있다고 말합니다.

그런데 우리 모두 각자 다른 욕망이 있고, 중요시하는 가치가 있고, 개인적으로 자기가 살고자 하는 삶이 있습니다. 모두들 개인이 중심이 되어 살아갑니다. 그렇게 본다면 개인이 부정적인 것이 아님에도 왜 우리는 개인주의를 죄악시하는 것일까요? 이것이 문제입니다.

개인화의 세 가지 차원

2015년 타계한 독일의 사회학자 울리히 벡Ulrich Beck은 18세기에 1차로 개인화의 물결이 지나갔고 20세기 말, 21세기 초에 2차로 개인화의 물결이 밀려오고 있다고 말합니다. 벡에 따르면 21세기의 메가트렌드는 개인화입니다. 그렇다면 개인화라는 것은 무엇일까요? 개인화된다는 것은 어떤 의미를 지니고 있는 것일까요? 여러분들이 '개인'에 대해서 가지고 있던 선입견을 제쳐두고, '개인주의' 대해 가지고 있던 편견을 다 버리고 한번 생각해보시기 바랍니다.

울리히 벡에 따르면 개인화에는 세 가지 차원이 있다고 합니다. 첫 번째는 '해방의 차원'입니다. 개인이 집단과 공동체로부터 해방되어 홀로 우뚝 선다는 것을 의미합니다. 두 번째는 '탈마법화의 차원'입니다. 이제까지 우리에게 강요되었던 규범들이 의미를 상실하게 되었다는 겁니다. 지금도 한국인들은 유교철학의 영향 아래 있다고 할 수 있지만, 남녀칠세부동석과 같은 규범을 진지하게 받아들이는 사람은 없습니다. 전통적인 사회규범으로부터 해방된 것입니다. 그러면 이렇게 전통적 규범으로부터 벗어나서 해방된 개인들이 개인적으로 살아갈 수 있느냐? 그렇지 않죠. 사람들은 새로운 관계와 연대를 맺기 원합니다. 이것이 세 번째 '통제의 차원'입니다.

첫 번째 해방의 차원에서 우리는 전통적 사회 형식으로부터 해방됩니다. 해방이 된다는 것은 새롭게 움직일 수 있는 공간이 열렸다는 것을 의미합니다. 그렇다고 해서 우리가 누구의 아들, 누구의 딸, 대한민국의 시민이라는 걸 부정할 수는 없어요. 그렇지만, 전통적으로 우리를 규정하고 구속했던 관계들로부터 여러

이진우

분들이 조금씩 독립해가고 있다는 것은 부인할 수 없습니다.

예전에는 전통적 가치가 우리 삶의 중심을 잡아주는 추 같은 것이었어요. 그것을 상실하면 제대로 살 수 없다고 생각했죠. 그런데 이런 것들이 막스 베버의 용어를 빌리면 '탈마법화 Entzauberung'되고 있다는 거예요. 막스 베버는 《직업으로서의 학문》이라는 짧은 글에서 사회를 지탱하고 있던 최고의 궁극적 가치가 근대의 특징인 합리화를 통해 점점 더 퇴색하고 약화되는 과정을 '세계의 탈마법화'라고 서술합니다. 규범적 구속력이 점점 없어지고 있다는 말입니다. 개인화의 두 번째 차원이죠.

우리는 각자 의견이 다르고 중요시하는 가치가 다릅니다. 요즘 유행하는 용어로 표현하자면 '개취존중'의 시대에 살고 있는 거죠. 긍정적인 현상입니다. 20~30년 전만 해도 해외여행을 하는 한국인들의 모습이 거의 똑같았어요. 똑같은 옷차림에 똑같은 머리 모양을 하고 있었죠. 그런데 요즘 해외에서 보는 한국인들의 모습이 많이 다양해졌어요. 그러면 우리가 겉에 걸치는 옷만 달라진 것일까요? 헤어스타일이 바뀌면 머릿속으로 하는 생각도 달라집니다.

모든 사람들이 다양한 취향과 의견을 가진 개인으로 변해가면, 새로운 문제가 발생합니다. 이렇게 다양해진 개인들은 어떻게 관계를 맺고, 연대를 하고, 네트워크를 형성해서 살아갈 것인가.

어떻게 사회로 편입할 것인가. 이런 통제와 재통합의 차원에서 고민이 생겨납니다. 그런데 여기엔 건강한 것도 있고, 좀 병적인 것도 있습니다.

1차적으로 우리가 의지했던 가족이 해체되고 지역공동체가 무너지면, 사람들은 의존할 수 있는 새로운 것을 찾습니다. 요즘 우리가 의존하는 것들은 소위 말하는 'MOM'입니다. MOM은 우리 사회를 지배하는 세 가지 경향을 대변하는 Mode, Opinion and Market의 첫 글자를 따서 만든 말입니다.

사람들이 어떻게 입고 다니지?(Mode) 사람들은 어떻게 생각하지?(Opinion) 시장에 새로 나온 것은 무엇이지?(Market) 우리는 시장에서 트렌드라고 이야기되는 걸 따라가지 않으면 마치 중요한 것을 놓치고 사는 것 같은 착각에 빠지게 됩니다. 이것이 개인화입니다. 이것을 부인할 수 있습니까? 이러다보니 개인화의 결과론적인 사회현상은 결국 혼란입니다. 부모 세대가 중시했던 가치가 자연스럽게 자식에게 전수되지 않고 의미를 상실합니다. 개개인이 추구하는 목표가 있고, 가치가 있고, 행복이 있습니다. 각자가 자신의 쾌락을 추구합니다. 이런 것들을 사람들은 허무주의라고 이야기합니다. 만약 이런 것들이 허무주의라고 한다면, 저는 기꺼이 허무주의자가 되겠다고 말하겠습니다.

혼자 살아가는 시대

　이런 사회적 현상이 가치의 문제에 국한될까요? 보시는 통계표는 2010년까지의 가구원수별 가구 구성비율을 보여주는 통계청 자료입니다. 2010년 1인 가구의 비율은 23.9퍼센트죠. 2013년 통계자료를 보면 우리나라 세대의 25.3퍼센트가 혼자 살고 있습니다. 4명 중 1명 꼴이죠. 전문가들은 앞으로 10년 뒤, 2025년에는 그 비율이 31.3퍼센트가 될 것으로 예상하고 있습니다. 약 3명 중 1명이 혼자 살게 된다는 의미입니다.

　이런 시대에는 누구나 혼자 살아가는 법을 배워야 합니다. 그런데 사람들은 이것을 어려워해요. 가끔 학생들한테 물어봐요. '혼밥' 할 때 힘들지 않느냐? 식당 들어가서 혼자 불고기 시켜서 맛있게 먹을 수 있느냐? 이럴 수 있는 사람이 별로 없습니다. 식당에 같이 갈 사람이 없으면 점심을 건너뛰려고 하죠. 이런 현실로부터 끌어낼 수 있는 결론은 무엇일까요? 아직 사람들은 혼자 살아갈 준비가 안 됐다는 겁니다.

　우리는 함께 있는 것은 싫어하면서 혼자 있는 건 두려워하는 과도기에 있는 것 같아요. 문제는 그렇다고 해서 우리가 과거로 돌아갈 수는 없다는 것입니다. 개인화 추세를 되돌릴 순 없어요. 우리 사회는 지금 탈전통화하고 있습니다. 이 사실을 있는 그대로

		가구수	가구원수별 가구 구성비율(%)						평균 가구 원수
			– 1인	– 2인	– 3인	– 4인	– 5인	– 6인 이상	
전국	1980	7,969	4.8	10.5	14.5	20.3	20.0	29.8	4.5
	1985	9,571	6.9	12.3	16.5	25.3	19.5	19.5	4.1
	1990	11,355	9.0	13.8	19.1	29.5	18.8	9.8	3.7
	1995	12,958	12.7	16.9	20.3	31.7	12.9	5.5	3.3
	2000	14,312	15.5	19.1	20.9	31.1	10.1	3.3	3.1
	2005	15,887	20.0	22.2	20.9	27.0	7.7	2.3	2.9
	2010	17,339	23.9	24.3	21.3	22.5	6.2	1.8	2.7

〈출처 : 통계청 e–나라지표〉

| 가구원수별 가구 구성비율.

2010년 1인 가구의 비율은 23.9퍼센트죠.
2013년 통계자료를 보면 우리나라 세대의 25.3퍼센트가
혼자 살고 있습니다. 4명 중 1명 꼴이죠.
전문가들은 앞으로 10년 뒤, 2025년에는 그 비율이
31.3퍼센트가 될 것으로 예상하고 있습니다.

받아들일 수 있는 자세가 필요해요. 이것을 너무 부정적으로 생각하지 말아야 합니다. 왜? 우리 스스로가 우뚝 서서 자기만의 가치를 만들어내고, 자기만의 삶을 살아간다는 것은 곧 잠재력이 커진다는 것을 의미하니까요.

요즘 우리가 어디에 가더라도 듣는 말이 창조와 혁신입니다. 그런데, 창조와 혁신은 항상 변화하는 시대에 일어납니다. 16세기 이탈리아의 르네상스 시대는 주체적 개인이 출현한 시대입니다. 예술 분야의 예를 들어보겠습니다. 르네상스 이전의 예술가들이 대부분 장인 밑에 소속된 그룹으로 작품을 창작했다면 르네상스 이후의 예술가들, 레오나르도 다빈치, 미켈란젤로, 라파엘로 같은 예술가들은 개인 창작자로서 자신을 적극적으로 드러냈습니다. 그리고 19세기 말에서 20세기로 넘어가는 모더니즘 시대에 사회가 급변하고 또다시 개인주의가 성행합니다. 지금 우리는 20세기에서 21세기로 넘어가는 포스트모더니즘 시대에 살고 있습니다. 포스트모더니즘 시대를 사는 우리는, 과거의 것이 오늘 타당한 것처럼 오늘 타당한 것이 내일도 유효하리라는 믿음이 없습니다.

저희 세대에서는 오 년 정도 차이가 나면 세대 차가 난다고 했는데, 요즘은 다섯 달이면 세대가 바뀐다고 그래요. 우리는 창조와 혁신이 절대화된 시대에 살고 있습니다. 창조는 무엇입니까? 새로운 가치와 제품을 창조할 수 있는 능력입니다. 창조성creativity과

혁신innovation을 개념적으로 규정하는 것은 어려운 일입니다. 하지만 조금 다른 각도에서 이 개념에 접근하면 이해하기 쉽습니다. 우리가 살고 있는 시대는 끊임없이 변화하고 있습니다. 제가 이제 환갑이 지났는데, 핸드폰이나 휴대용 전자기기가 아직도 영 어색합니다. 파워포인트를 쓰는 것도 사실 어색한데, 이렇게 발표를 하는 것도 시대에 뒤쳐지지 않으려는 저의 몸부림이라고 할 수 있습니다. 변화하는 시대에 적응하는 것도 창조적인 행위라고 할 수 있어요.

자, 우리가 창조적이려면 어떻게 해야 할까요? 무게중심을 딱 잡고, 나는 움직이지 않아. 나의 가치관, 나의 삶은 고정적인 거야. 다른 것은 절대 허용할 수 없어! 이런 사람은 절대 창조적일 수 없습니다. 결국, 우리는 조금 더 가벼워져야 해요. 집단문화에서 개인문화로 패러다임이 변화하는 시대라는 것은 부정적으로 볼 때는 상실의 시대, 허무주의 시대라고 생각할 수 있습니다. 하지만 사회적 현상을 있는 그대로 받아들인다면, 우리가 새로운 가치를 만들어내고 새로운 시대를 개척할 수 있는 가능성의 시대라고 생각하는 것이 더 합당해 보입니다.

이진우

가벼운 문화, 무거운 문화

두 개의 이미지를 볼까요. 오른쪽 위는 16세기 베네치아의 화가 티치아노Tiziano Vecelli가 그린 〈시시포스〉이고, 아래는 현대 무용의 개척자인 이사도라 던컨입니다. 어떤 사람이 춤을 더 잘 출 수 있을까요? 네, 가벼운 사람이 무거운 사람보다 당연히 춤을 더 잘 출 수 있겠죠. 물론 누가 봐도 이 질문은 우문입니다. 유명한 무용수가 무거운 짐을 지고 있는 사람보다 춤을 잘 출 수 있다는 것은 당연한 일이니까요. 이 이미지는 '춤을 잘 추려면 몸이 가벼워야 한다'는 일상적 인식을 설명하기 위한 비유로 이해하면 될 것 같습니다. 물론, 제가 이 그림을 가져오면서 우려를 하지 않은 것은 아닙니다. 요즘 '가볍다는 것' '날씬하다는 것'은, 영어로 'thin'이라고 하는데, 대부분 다이어트의 의미로 이해되고 있어요. 구글로 'thin'을 검색하면 이 단어를 다이어트를 잘 해서 날씬한 사람을 의미하는 것으로 오해할 수 있습니다.

제가 말하는 가벼움은 정신적 태도의 관점에서 이해해야 합니다. 외모만 날씬하다고 가벼워지는 건 아닙니다. 정신적으로 가벼워야 하죠. 가볍다 또는 무겁다는 것은 문화적으로 무엇을 의미할까요? 우리가 어떤 행동을 할 때 고려해야 할 것이 많으면, 그건 무거운 거예요. 집단주의 문화가 그렇습니다. 대한민국

티치아노, 〈시시포스〉, 1548년.

현대 무용의 개척자 이사도라 던컨 ⓒArnold Genthe

은 여전히 집단주의 문화가 지배하는 사회입니다. 이걸 영어로는 'Tightness' 또는 'Thick'으로 표현합니다. 견고, 경직 등의 뜻이 있는 'Tightness'는 유연성이 없는 집단주의 사회를 상징합니다. 이에 반해서 개인주의 문화는 비교적 느슨합니다. 개인 각자가 어떤 행동을 할 때 고려해야 할 사항이 그렇게 많지 않기 때문입니다. 그래서 이런 문화를 영어로 'Looseness' 또는 'Thin'으로 표현합니다.

조금 더 깊이 들어가 볼까요? Tightness-Looseness, Thick-Thin은 경영학자들, 사회학자들이 세계의 다양한 문화를 비교하면서 어떤 사회가 창조적이고 혁신적일 수 있는지 연구하고 분석하는 틀입니다. 그러면 견고하고 경직되어 있는 문화와 느슨하고 유연한 문화를 구분할 수 있는 기준은 무엇일까요? 두 가지 기준이 있습니다. 하나는 규범의 강도, 다른 하나는 개인이 규범을 일탈했을 때 사회가 허용하고 관용할 수 있는 관용도입니다. 재미있는 것은 통계상 가장 견고하고 경직된 사회는 한국과 일본이고 느슨하고 유연한 사회는 브라질, 헝가리 그리고 유럽 국가들입니다. 브라질이나 헝가리처럼 문화적으로 개방적인 국가를 제외하면 대부분의 느슨한 사회들은 도표에서 보시는 것처럼 소위 말하는 선진국들입니다. 한국 사람들은 여전히 무겁습니다. 생각할 게 너무 많습니다. 어떤 사안에 대해 가치판단을 해야 할 때 고려하고

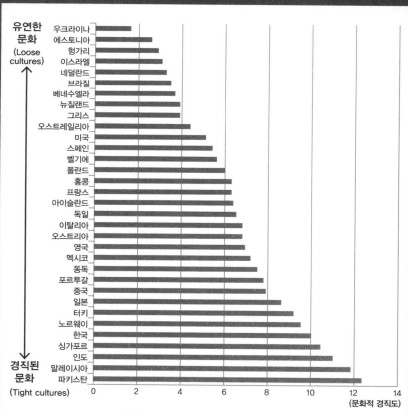

〈출처 : Michele J. Gelfand, et al., *Differences Between Tight and Loose Culture*, 2011.〉

33개국의 문화적 경직도를 보여주는 그래프.

걱정해야 할 것이 너무 많아요.

그러면 여기서 무겁다는 것은 무엇을 의미할까요? 개인의 생활을 규제하는 예절과 관습, 규범이 상당히 많다는 걸 의미합니다. 어른을 보면 고개를 숙여 인사를 해야 한다는, 소위 말하는 '배꼽인사'는 어른에 대한 존경의 표시라고 합니다. 삼십여 년 전제가 처음 강의를 시작하던 시절에는 학생들이 저한테 인사를 할때 고개를 숙여 깍듯이 예를 표시했습니다. 스승의 그림자도 안 밟는다고 했던 때였거든요. 그런데 요즘은 어떻게 해요? 인사는 하지만 고개는 숙이지 않습니다.

그런데 이런 현상에 대해 요즘 애들은 예의가 없다고 한탄하는 동료 교수들이 적지 않습니다. 인사할 때 고개를 숙이지 않는 것도 예의 없다고 하는데 외국처럼 '하이!'라고 하면 큰일 나겠죠.(웃음)

형식이 너무 많으면 규범이 내포한 내용이 의미를 상실하게 됩니다. 이런 관점에서 보면 가벼운 사회, 느슨한 사회는 보통 사람이 지켜야 할 최소한의 도덕법칙만 지키고 그 외의 것은 개인이 판단할 수 있게 하는 사회가 아닐까 생각합니다. 여러분은 어떤 사회를 원하십니까?

코리아 패러독스

thick-thin의 관점에서 문화를 이야기하다보니 최근 본 영화 하나가 떠오릅니다. 앤 해서웨이랑 로버트 드니로가 나오는 〈인턴〉이라는 영화입니다. 뻔한 내용을 가벼운 감각으로 그려낸 재미있는 영화예요. 제가 이 영화에서 주목한 것은 70대의 시니어 인턴과 젊은 직장 동료들 사이에 오가는 대화입니다. 이런 대화가 우리나라에서 가능할까요? 저는 불가능할 것 같아요.

우리 사회는 지금 어떻습니까. 전통적인 규범이 무너지고 기존의 공동체가 와해되고 있음에도 불구하고, 아직 진정한 의미의 개인이 나타나고 있지 않습니다. 저의 주장이 도발적이고 과감하게 들릴 수 있겠지만, 대한민국 사회는 '개인이 없는 사회'입니다. 여전히 집단이 지배하는 사회예요. 왜 이런 것일까 생각해봤어요. 제가 다른 곳에서도 종종 이야기하는 것인데, 우리는 변화와 혁신을 통해 선진국으로 도약했음에도 불구하고 여전히 그 문턱에 걸려 있다는 위기의식을 갖고 있습니다. 이 위기의식은 어디에서 오는 것일까? 대한민국이 직면하고 있는 진정한 위기는 무엇인가? 저는 이것을 과감하게 '코리아 패러독스'라고 이야기합니다. 1960년대부터 대한민국은 정말 엄청난 성장을 했습니다. 세계적으로 식민 통치를 경험한 나라들 중에서 선진국 대열에 들어선

이진우

나라는 대만과 대한민국밖에 없습니다. 대만은 우리보다 훨씬 작은 나라죠? 이 정도 국가 규모를 가지고 이렇게 성장한 나라는 대한민국 외에는 없어요.

우리는 어떻게 이런 성장을 이뤄낸 것일까요? 개발독재 시대에 우리는 국가와 민족을 위해 개인을 희생했습니다. 국가 공동체를 위해 개인의 삶을 희생할 수 있다는 집단주의가 바로 단시간 내에 대한민국이 경제성장을 이룰 수 있었던 비결이었죠. 그리고 우리는 우리 사회의 성공 비결인 집단주의를 여전히 고집하고 있습니다. 하지만 지금 이런 사고방식으로는 우리 사회가 지금보다 한 단계 위로 도약할 수 없습니다. 과거의 성공전략을 고집하면 그것이 실패의 원인이 될 수 있다는 것이 바로 '코리아 패러독스'입니다.

전통적 집단주의가 붕괴하면서 개인이 탄생한 것이 아니라 기형적인 집단주의가 배태되었다, 이것이 제가 인지하는 우리의 현실입니다. 많은 사람이 개인이 중심인 삶을 살고 싶은데 그러지 못하고 있습니다. 저는 이러한 기형적 집단주의가 한국에서는 연고주의로 나타난다고 생각합니다. 연고주의란 무엇일까요? 연고주의는 혈연, 학연과 같은 연고를 통해서 자신의 정체성을 규정하고, 그 네트워크를 통해 개인적 이득을 취하려고 하는 태도입니다. 우리는 왜 기를 써서 소위 말하는 일류 대학에 들어가려고 하는 걸까요. 네트워크를 만들고 싶어서죠. 힘 있는 집단에 소속됨으로써 내 개인적 행복을 추구하기 위해서입니다. 한 개인이 어떤 생각, 어떤 능력을 가지고 있는지가 중요한 것이 아니라, 그 사람이 어떤 집단, 어떤 관계 속에 있는가가 더 중요한 집단주의에 빠져 있는 것입니다.

그런데 이런 연고주의가 사회적 불평등을 가져오고 사회를 부패하게 만든다는 것을 우리나라 사람들 누구나 다 알고 있어요. 우리나라의 약 80퍼센트에 해당하는 사람들이 한국 사회의 병은 연고주의로부터 온다고 이야기합니다. 직장에 다니는 사람들에게 무엇이 가장 힘든지 물어보면, 사람들과의 관계라고 합니다. 야근, 회식을 할 때마다 상사는 뭐라고 합니까? '우리가 남이가!' 그런데, 남이죠? '우리 모두 다 함께 노력해서 회사가 잘 돼야 당신들한테도 좋다.' 경제학적으로 이야기하면 낙수효과라고 하는데, 지붕에서 빗방울이 떨어지지 않은 지는 상당히 오래되었습니다. 비밀 통로를 통해서 그 물은 다른 곳으로 흘러들어갑니다.

그렇게 흘러간 물에서 성장하는 마피아들이 엄청나게 많습니다. 교피아, 관피아, 언피아. 자기가 알고 있는 사람들을 능력과 관계없이 낙하산으로 임용하는 마피아 조직은 사회에 수많은 해악을 끼칩니다. 인사가 불투명할 경우 해당 분야와 전혀 상관 없는 사람이 요직에 앉게 되고 조직에 악영향을 미치게 됩니다. 권

이진우

력 유착에 따른 부정부패도 일어나고요. 한 개인의 능력보다 그가 어떤 집단에 소속되어 있는가가 훨씬 더 중요한 사회는 한마디로 '개인이 없는 사회'입니다.

내가 내 삶의 주인이 될 때

세계의 메가트렌드가 개인화임에도 불구하고 우리 사회의 집단주의는 여전히 우리를 짓누르고 있습니다. 신화 속 시시포스가 짊어져야 하는 바위처럼 우리를 짓누르는 수많은 가치와 관계들이 있습니다. 그것은 전통이기도 하고, 내가 몸담고 있는 직장이기도 하고, 가족이기도 하고, 위기에 처할 때마다 충성심을 강요하는 국가이기도 하죠. 개인화되어간다는 것은 이러한 가치들이 조금은 우리 개인의 삶에 대한 구속력을 잃어간다는 것을 의미합니다. 그렇다면 어떻게 해야 이러한 문화적 변동의 징후들을 긍정적으로 받아들여서 자신의 삶을 풍요롭게 만들 수 있을까요?

대답은 간단합니다. 내가 내 삶의 중심이 되어야 합니다. 나는 무슨 생각을 하는가? 나는 무엇을 원하는가? 나는 행복한가, 아니면 불행한가? 나를 불행하게 만드는 것은 무엇인가? 이런 물음에 대한 생각을 하고 살아야 합니다. 오늘 이 강의에 대해서도,

나에게 유익한지 아닌지에 관한 생각이 있어야 하는 겁니다. 이처럼 간단한 것이 우리 사회에서는 잘 안 됩니다.

오바마 미국 대통령이 G20 정상회의를 위해 방한했을 때 있었던 기자회견 장면이 한동안 우리 사회에서 화제가 됐습니다. 오바마 대통령이 개최국인 한국 기자들에게 질문을 받겠다며 우리나라 기자들에게 질문하라고 거듭 요청을 했는데 그 누구도 선뜻 손을 들어 질문하는 사람이 없었어요. 최근에 제작된 EBS 다큐멘터리도 이 문제를 다뤘는데요. 왜 우리나라 사람들은 질문을 안 하는가? 대부분의 학생들이 이 질문에 뭐라고 대답했는지 아세요? 내가 먼저 질문하면 다른 사람들이 나를 나댄다고 생각할까봐 안 한다는 겁니다. 이 생각이 가진 문제를 해결하기 위해 제가 제시하는 대안은 간단합니다. 우리도 이제 좀 나대자. 우리는 좀 나대야 합니다. 그래야 우리가 어떻게 살고 싶은가를 정확히 규정할 수 있습니다.

개인화된다는 것은 자신의 감정에 솔직해지고, 자신의 욕망을 적극적으로 드러내고 사회와 자신의 삶에 대한 분명한 의견을 가지고 어떤 삶을 살아갈 것인지 스스로 결정하게 된다는 것을 뜻합니다. 이런 개인주의가 싫으신 분들이 있을까요? 없죠? 자신의 삶을 자신이 주도적으로 살아가지 못하고 다른 사람들이 원하는 삶을 살아가는 사람들은 결국 노예일 뿐입니다.

이진우

프리드리히 니체는 이런 말을 했습니다. 현대인들은 "완전히 노예처럼 행동하면서도 노예라는 낱말을 두려워하고 피한다." ('그리스 국가', 《유고(1870년~1873년)》, 책세상, 2001) 우리는 유행의 노예, 여론의 노예, 시장의 노예로 살아가고 있습니다. 왜 이렇게 되었을까요? 이 물음에 답해주는 속담이 있습니다. '벼는 익을수록 고개를 숙인다'는 속담입니다. 저의 이 말에 반대합니다. 사람은 성숙할수록 고개를 들어야 합니다. 선생님의 눈을 보면서 이야기해야 합니다. 그러면 집단주의 문화에 젖은 선배들이 이렇게 말할 수도 있겠죠. "눈 밑으로 깔아!"(웃음) 그래도 고개를 숙이지 마세요. 상대방의 눈을 보면서 자신의 의견을 얘기하세요. 그래야 우리 사회가 변합니다.

어떤 것도 진리가 아니라면, 모든 것이 허용된다

우리가 사는 21세기는 틀림없는 상실의 시대입니다. 이제까지 중요하고, 고귀하게 여겨졌고 그래서 우리 어깨를 짓누르던 많은 가치들이 사라지고 있습니다. 프리드리히 니체는 이런 허무주의를 수동적 허무주의라고 말합니다. 상실 그 자체에 대한 비탄, 상실 그 자체를 부정적으로 생각하는 태도, 이게 수동적 허무주의 죠. 그런데 니체는 이렇게 말합니다. "모든 것이 사라졌다는 것은 새로운 것을 얻을 수 있다는 것을 의미한다." 이 말은 '어떤 것도 진리가 아니라면, 모든 것이 허용된다 Nothing is true anything can be allowed'는 것을 의미합니다. 상실의 시대라는 것은 다르게 생각하면 우리에게 새로운 가치를 만들어내고 새로운 의미를 세계에 부여할 수 있는 능동적인 기회가 됩니다. 의미를 창조할 수 있는 여유 공간이 생긴다는 거죠. 이것을 우리는 능동적 허무주의라고 말합니다.

저는 능동적 허무주의자입니다. 이러한 태도를 갖기 위해서는 개인주의에 대한 편견을 깨야 합니다. 개인주의는 이기주의가 아닙니다. 이기주의는 집단주의에도 있을 수 있습니다. 개인의 이익을 위해서 수단과 방법을 가리지 않는 비도덕적인 태도가 이기주의입니다. 남에 대한 배려와 사회에 대한 책임이 없는 것. 이것이 이기주의입니다. 이에 반해서 개인주의는 어떤 것을 판단하고 평가할 때 그 중심에 집단이 아닌 나 자신을 놓는 태도를 말합니다. 나 자신이 도덕적 주체가 되는 거죠. 개인주의는 이기주의가 아닙니다. 오히려 개인주의는 시민으로서의 권리를 위해 필요한 태도입니다.

저는 우리나라에 개인주의가 우뚝 서야 한다고 생각합니다. 그래서 공격적인 이야기를 많이 하게 돼요. 한 언론과의 인터뷰

이진우

285

에서는, 우리나라는 여전히 유교적인 가치가 지배하고 있어서 개인주의 사회가 되기 힘들다. 그러니 우리나라의 유교적 가치를 포맷시켜야 한다고 말한 적이 있습니다. 다시 재구성해야 한다는 거죠. 개인주의는 사회적 연대를 배제하지 않습니다. 내가 소속되었기 때문에 가치를 따르는 것이 아니라, 내가 추구하는 가치를 공유하는 사람들과는 적극적으로 관계를 맺을 수 있다는 거예요. 이러한 태도를 지닌 개인들이 우리 사회에도 조금씩 생겨나고 있습니다. 개인을 억압하는 집단주의가 이기적 연고주의를 조장하고, 부정부패를 낳고 있는 오늘날 이를 근절하기 위해서라도 우리는 개인주의자가 될 필요가 있습니다.

서구 사회는 개인이 탄생한 16세기부터 지금까지 오백 년 동안 개인주의를 성숙시켰습니다. 우리나라가 현대화를 이룬 것은 한 세기, 짧게 보면 오십 년밖에 안 됩니다. 현대화가 압축적으로 이루어지는 동안 공동체가 붕괴되고, 주체적 개인이 사회의 전면에 등장하기는 했지만, 우리 사회에서 개인의 자리는 여전히 비좁기만 합니다. 개인주의가 확고해질 때 우리는 공사를 구분할 수 있습니다.

직장에서 효율적으로 일한다면 정시에 퇴근 못할 일이 없습니다. 낮에는 바깥에서 개인 일을 보면서 돌아다니다가 저녁 6시에 사무실로 돌아와서 부하 직원을 퇴근하지 못하게 하는 직장

상사에 관한 이야기를 들은 적이 있습니다. 직장인들은 퇴근 후에도, 공휴일에도, 상사가 부르면 어김없이 뛰어나가야 합니다. 사생활을 허용하지 않는 이런 문화는 없어져야 합니다.

공과 사가 구분되어야 합니다. 공사가 구분되면, 우리는 사적 공간에서 각자의 행복을 추구하는 뚜렷한 주체가 되어 같은 의식을 공유하고 있는 사람들과 다양한 네트워크를 만들 수 있습니다. 이런 자율적인 연대가 많아질 때 우리 사회는 민주적 공동체로 발전하고, 다양한 가치가 인정되는 다원주의 사회로 진화할 거라고 저는 확신합니다.

그러면 우리는 무엇을 해야 하는가. 우리는 훨씬 더 개인주의자가 되어야 합니다. 개인주의의 실천 전략에는 어떤 것이 있을까요? 개인은 다른 사람과 차이가 있어야 합니다. 차별화되어야 합니다. 똑같은 머리에도 다른 포인트를 줄 수 있어야 합니다. 차별화는 다른 사람을 따라하지 않고 스스로 모든 것을 결정할 때 이루어집니다. 이런 자율적 행위가 결과적으로 개성을 낳습니다. 개성적인 사람들이 모여 있는 사회는 다원주의 사회가 될 것입니다. 이런 다원주의 사회에서는 모든 사람들이 사회적으로 자유를 누릴 수 있습니다. 지금으로부터 이백여 년 전 계몽주의 시대에 존 스튜어트 밀John Stuart Mill은 《자유론》에서 이렇게 말했습니다.

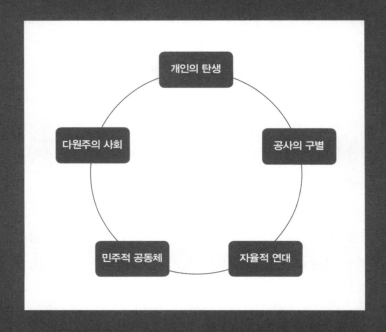

공사가 구분되면, 우리는 사적 공간에서 각자의
행복을 추구하는 뚜렷한 주체가 되어 같은 의식을
공유하고 있는 사람들과 다양한 네트워크를 만들 수 있습니다.
이런 자율적인 연대가 많아질 때 우리 사회는 민주적
공동체로 발전하고, 다양한 가치가 인정되는 다원주의 사회로 진
화할 거라고 저는 확신합니다.

각자가 자신에게 좋다고 생각되는 방식대로 살도록 내버려두
는 것이 각 개인을 타인에게 좋다고 생각되는 방식대로 살도
록 강제하는 것보다 인류에게 훨씬 더 커다란 혜택을 준다.

여러분, 우리가 가벼워졌다는 것을 두려워할 필요는 없습니
다. 우리는 가볍게 살아도 됩니다. 니체가 이야기한 것처럼, 우리
는 개인주의자가 되어야 합니다. 우리 사회는 모든 구성원이 차이
가 있는 삶을 살 수 있기를 허용해야 합니다. 마지막으로 프리드
리히 니체의 《짜라투스트라는 이렇게 말했다》(책세상, 2000)에 나
오는 한 구절을 인용하는 것으로 저의 강연을 마칠까 합니다.

사람은 대지와 삶이 무겁다고 말한다. 중력의 정신이 바라고
있는 것이 바로 그것이다. 그러나 가벼워지기를 바라고 새가
되기를 바라는 자는 자기 자신을 사랑해야 한다. 이것이 나
의 가르침이다.

지금 이 순간부터 여러분은 여러분 마음의 목소리에 귀 기울
이고 하나의 자아로 우뚝 서서 자기 자신을 사랑하고 새처럼 가
볍게 살길 바랍니다. 감사합니다.

이진우

Q

저는 최근 한 달 정도 개인의 생각을 존중하는 공동체에서 생활하면서 주체성을 회복하려 노력하고 있습니다. 이 공동체 안에서는 제가 하고 싶은 것을 하고, 제 의견을 자유롭게 이야기할 수 있지만, 밖으로 나가면 여전히 '우리가 남이가'라고 말하는 사회에서 살고 있습니다. 저희보다 나이가 많거나 사회적 지위가 높은 분들이 개인주의적 태도를 용인해주지 않으면, 저희는 정 맞을 수밖에 없는 돌 취급을 당하면서 살아야 한다고 생각합니다. 저 개인의 노력뿐 아니라 그런 분들을 설득하고 앞으로 우리 사회가 좀 더 나은 공동체로 나아가기 위해서는 어떤 노력이 필요한지 교수님의 말씀을 듣고 싶습니다.

A

참 어려운 질문입니다. 사회적 가치가 변했음에도 불구하고, 자신을 변화시키지 않고 자신이 중요하다고 믿어온 가치를 타인의 삶에 강요하는 사람들을 지칭하는 우리나라만의 말이 있죠. '꼰대'. 이런 사람들을 설득시키는 것은 어렵습니다. '꼰대'들은 변하지 않습니다. 전통이 무의미하다는 것이 아닙니다. 제가 좋아하는 철학자인 하버마스는 변화된 여건 속에서 스스로 변화하지 않는 전통은 전통이 아니라고 이야기했습니다. 그러면 우리가 이걸 어떻게 변화시킬 수 있을까요? 무척 어려운 일입니다. 내가 내 의견을 드러내고, 기존의 공동체 집단과 조직 속에서 통용되는 가치를 따르지 않을 때, 자칫 잘못하면 왕따 취급을 받을 수 있다는 두려움을 우선 깨야 합니다. 처음부터 고개를 빳빳하게 들라는 것이 아닙니다. 자기 의견을 개진할 때에도 요령이 있어야 합니다.

미국인들은 왜 우리보다 토론을 잘 할까요? 미국의 토론 문화를 잘 보여주는 관용어가 하나 있습니다. 본인의 주장을 이야기한 다음에 쓰는 관용어입니다. 'No offence.' 내가 다른 의견을

이진우

말하지만, 그것은 당신에 대한 공격이 아니라는 뜻입니다. 이렇게 말하면서 분위기를 바꿉니다. 우리나라에는 그런 말이 없습니다. 그러니까 어투를 바꿀 필요가 있어요. 너무 자기주장을 직선적으로 내세우면 기성세대들의 반발이 더 심해집니다. 그러니까 이렇게 표현해보세요. "선배님 말씀이 맞는 거 같아요." '같아요', 라고요. "아, 선배 말도 일리가 있는 것 같아요." 이렇게 말한 다음에 "그렇지만", 하면서 자신의 의견을 말해보세요. 이때에도 '내 생각은 이래!'라고 하면 상대방은 또 열받습니다. "그런데 이렇게 생각해볼 수 있지 않을까요?"라고 권유하는 투로, 다시 말해 나도 잘 모르겠다는 투로 얘기하면 통합니다. 꼰대들 보고 왜 변하지 않느냐고 탓만 하지 말고 젊은 사람들도 변화를 모색해야 합니다. 이것이 사회적 실천 전략이라고 할 수 있습니다. 힘들다는 건 압니다.

Q

개인주의 사회가 오고 있다고 하는데, 부모 세대와 저희 세대가 많이 다르잖아요. 부모 세대는 초, 중, 고 동창회가 다 있고, 대학교 동기들이나 직장 동기들과 끈끈한 관계를 유지하는 것 같은데, 저희는 졸업하고 나면 학교 때 맺었던 관계가 대부분 끊어져요. 그래서 공동체를 형성하지 못하게 되는데, 공동체 형성에 있

A 21세기에 가장 바람직한 공동체는 근본적으로 '자율적인 연대'입니다. 내가 스스로 관계를 맺어가는 공동체입니다. 우리 부모님 세대들은 쭉 같은 고장에서 성장하고 같은 학교를 다녔습니다. 드라마 〈응답하라 1988〉처럼 한 골목에서 자랐을 수도 있습니다. 그걸 간과해서는 안 됩니다. 그런 것들이 그분들에게는 정체성을 형성하는 역사이고, 가치이기 때문입니다.

그런데 이제 그런 것들이 굉장히 약화됐어요. 우리나라 사람들은 인간관계를 굉장히 무겁게 생각합니다. "친구가 몇 명이 있어요?"라고 제가 학생들에게 물어본 적이 있어요. 열 명 이상이라고 하는 사람은 거의 없어요. 다들 두 명, 세 명이래요. 왜 이렇게 적은 것인가 곰곰이 생각해봤습니다. 우리는 친구를 어떻게 이해하고 있습니까? 친구는 마음이 통하는, 어려울 때 모든 것을 다 말할 수 있는 관계라고 이야기합니다. 이런 친구의 기준은 너무 높다고 생각하지 않으세요? '혼밥'이 하기 싫은 날 전화를 걸어 '밥 같이 먹을래?'라고 말할 수 있는 사이면 친구예요. 친구를 너무 무겁게 생각하지 마세요. 조금 더 가볍게 생각하는 것이 좋습니다. 친구 관계는 짧을 수도 있고 길어질 수도 있죠. 저와 아주 친한 친구는 독일에서 유학하면서 만나서 일본에서 활동을 하고 있는데, 이십 년 동안 못 만났음에도 불구하고 친구라고 해요. 보지는 못해도 마음이 통한다고 생각하기 때문이에요. 그런데 소위 말하는 마음이 통하지 않아도 좋은 친구들이 얼마든지 있을 수 있어요. 나이가 들어서 건강에 자꾸 이상 신호가 와요. 어느 날 병원에 가야 하는데 같이 가줄 수 있는 사람이 있으면 그 사람이 친구예요. 혼자 있기 싫을 때 함께 있어 줄 수 있는 사람이 있으면, 그 사람이 바로 친구인 겁니다.

제가 환갑을 맞아서 잔치를 하려고 했어요. 비용은 다 제가 대고 그동안 인생 살면서 빚진 사람들을 초대해서 저녁 한 끼 같이 먹고 싶었어요. 그런데 초대받은 사람들이 제가 비용을 다 댄다는 것에 부담을 느끼는 거예요. 빈손으로 가야 하나 뭘 가지고 가야 하나. 이런 걱정들을 하는 것을 눈치채고는 잔치를 포기했어요. 그런데 최근 한 독일 친구가 환갑 잔치를 한 얘기를 듣고 나도 그렇게 했으면 좋았을 걸 하고 생각하게 됐어요. 그 친구는 아주 친한 친구들을 식당에 불러서 두세 시간 식사도 하고 와인도 마시면서 담소를 나눴다고 해요. 고등학교 친구, 직장 동료, 다 그룹이 다른데도 모두 어색함 없이 어울려서 즐거운 시간을 보냈대요. 초청받은 사람들은 조그만 선물을 하나씩 가지고 왔는데, 예를 들면 이진우 교수의 《니체의 인생강의》 같은 걸 들고 오기도 하고,(웃음) 연주회 티켓을 선물로 가지고 오기도 하고요. 그런데 그중에 한 명의 선물이 너무나 인상적이었대요. 조그만 카드가 선물이었는데, 그 안에 이렇게 적혀 있었다고 합니다. "네가 원할 때 말하면 언제든지 너와 함께 하루를 보낼 거야!" 너무나 멋진 선물이고, 아름다운 우정입니다.

유대감은 이렇게 만들어질 수 있습니다. 모든 것을 너무 무겁게 받아들이지 마세요. 정말 힘든 사회를 살고 있지만 여러분의 삶이 조금은 가벼워지길 진심으로 바랍니다.

상실의 시대

그랜드 마스터 클래스 | 빅 퀘스천

초판 1쇄 인쇄 2016년 8월 23일 **초판** 1쇄 발행 2016년 8월 29일

지은이 로버트 루트번스타인, 정여울, 정관용, 표창원, 김정후, 서민, 이진우

기획 마이크임팩트 한동헌

펴낸이 연준혁
편집인 김정희
책임편집 김경은
디자인 하은혜

펴낸곳 마이크임팩트북스
출판등록 2015년 12월 9일 제 2015-000236호
주소 (410-380)경기도 고양시 일산동구 정발산로 43-20 센트럴프라자 6층
전화 (031)936-4000 팩스 (031)903-3895

값 15,000원
ISBN 979-11-957204-1-5 03300

중앙도서관 출판예정도서목록(CIP)은 서지정보유통지원시스템 홈페이지(http://seoji.nl.go.kr)와
국가자료공동목록시스템(http://www.nl.go.kr/kolisnet)에서 이용하실 수 있습니다. (CIP제어번호 : CIP2016018141)